广告设计与创意中的心理学研究

刘亚平　著

中国水利水电出版社
www.waterpub.com.cn
·北京·

内 容 提 要

本书通过对广告设计的研究，对广告设计的过程以及创意进行了心理学层次上的诠释，并且有一定量的经典代表作品解析，做到理论与实践、艺术与创作实践之间的结合，使人们能够对广告设计有一个崭新且全面的理解。

本书内容包括广告与广告受众的心理研究、广告人与广告作品的心理研究、广告调查与策划的心理研究、广告创意与表现的心理研究、广告传播的心理研究以及广告环境与广告心理的评定和运用。

本书内容翔实、结构合理，适合广告设计相关人士以及广大的广告艺术设计爱好者学习使用。

图书在版编目(CIP)数据

广告设计与创意中的心理学研究 / 刘亚平著 . — 北京 : 中国水利水电出版社 , 2019.6（2025. 6重印）

ISBN 978-7-5170-7772-5

Ⅰ . ①广… Ⅱ . ①刘… Ⅲ . ①广告心理学 – 研究 Ⅳ . ① F713.80

中国版本图书馆 CIP 数据核字（2019）第 127521 号

书　　名	广告设计与创意中的心理学研究 GUANGGAO SHEJI YU CHUANGYI ZHONG DE XINLIXUE YANJIU
作　　者	刘亚平　著
出版发行	中国水利水电出版社 （北京市海淀区玉渊潭南路 1 号 D 座　100038） 网址：www.waterpub.com.cn E-mail：sales@waterpub.com.cn 电话：（010）68367658（营销中心）
经　　售	北京科水图书销售中心（零售） 电话：（010）88383994、63202643、68545874 全国各地新华书店和相关出版物销售网点
排　　版	北京亚吉飞数码科技有限公司
印　　刷	三河市华晨印务有限公司
规　　格	170mm×240mm　16 开本　12 印张　215 千字
版　　次	2019 年 8 月第 1 版　2025 年 6 月第 2 次印刷
印　　数	0001—2000 册
定　　价	60.00 元

前言

高校广告专业教育的目的，就是为广告行业培养富有专业理想和充满创造力的广告专业人才。作为一个新兴的、面向市场培养人才的应用型专业，广告学很早就被纳入教育部高等教育专业目录设置之内，以一个独立学科的身份出现在高等学府，这在改革开放之初和由计划经济向市场经济转换的进程中，似乎是一个具有远见卓识的举措，正是这样一个带有浓厚行政色彩的规划奠定了中国广告专业教育快速发展的方向。

凡是利用广告招徕顾客的企业，无不希望自己的广告发挥出最佳的效力，达到推销自己产品的目的。然而，怎样的广告才能刺激消费者的需求，促使他们购买并持久地使用广告主的产品呢？要探讨这一问题，就必须把消费心理学的基本原理运用于广告，这正是我们现在所研究的广告心理。

本书的撰写重点突出以下特色。

（1）学术性。从20世纪80年代初广告专业教育起步至今，中国广告专业教育已走过近40年的发展历程。高校充分利用其优势资源和业界的精英力量，精心打造广告教育平台，向业界输送了大批生力军，改善了整个广告行业的人才结构，激发了广告行业的创造激情，推动了广告行业的升级换代和广告产业的创意转型，促进了广告事业快速向前发展。伴随着广告业的兴衰和持续繁荣，其主体地位得到强化，在和业界的多元互动中，其教育理念不断更新，教育品质不断提升；在业界的紧密关照下，其实践性和应用性的特点日益凸显，呈现出独特的发展态势和发展规律。为此，本书的撰写将前沿性内容融入基础性内容的框架系统中，使之更为科学化和规范化。

（2）科学性。广告心理学研究成果能够增强广告活动的科学性，根据广告心理学基本原理确定广告“说什么”“如何说”“向谁说”“由谁来说”，才能取得良好的广告效果，达到预期的广告目标。学习好广告心理学、做现代广告人、掌握广告心理学的理论原则和基本应用，对于开拓广告创意、提高广告制作水平、推动广告市场发展、获取丰厚的广告经济效益和社会效益具有深远的意义。

（3）操作性。本书力图借助消费心理学的一般原理，通过观察研究消费者在消费过程中的各种心理活动，以及接收广告过程中的各种心理活动的特点及规律性，为有效地策划、设计、制作广告、顺应消费者心理、提高企业营销效果提供必要的科学理论依据及资料。

本书在撰写过程中，参考和借鉴了一些知名学者的著作和论述，在此向他们表以诚挚的感谢。因学术水平限制，书中难免存在纰漏之处，恳请老师、同道们斧正。

作　者

2019 年 3 月

目　　录

绪　论

一、什么是广告心理学

广告心理学是心理学的应用领域之一，它主要研究说服大众购买商品的心理过程，即研究广告传播活动过程中所涉及的心理现象、本质、规律及方法的一门学问。如果广告能抓住消费者的心理特点，根据消费者的心理需求进行策划，研究消费者的心理活动规律，就能打动消费者的心，使消费者对商品心有向往，观念有所改变，最后导致购买行为的发生。广告要产生预期的影响力，不仅要研究广告活动中产生的心理现象和规律，还要研究如何将广告活动与心理规律结合起来。广告心理学就是研究广告活动与消费者相互作用而产生的心理现象及其发生、发展规律的一门科学。

广告心理学的研究任务主要包含两个方面：

一方面，研究消费者在广告活动中产生的心理现象。广告经过特定的媒介传播后，会对消费者的心理活动产生一定影响。但是，广告活动中的消费者并不是被人任意操纵和影响的对象，他们接受广告影响的心理过程有其内在的规律。广告不仅仅要考虑吸引广告受众的注意，还要考虑是否能让他们记住，更要考虑是否符合他们的心理需求，使广告受众产生某种广告所期望的情绪情感。广告心理学的任务就是分析、研究和掌握广告传播对象，即消费者的心理特征，并遵循这些规律，使广告达到事半功倍的效果。

另一方面，研究心理现象和规律在广告活动中的应用。广告是与人打交道的一项活动，甚至可以称之为一门艺术。科学的广告需要心理学有关理论和方法的指导，广告心理学要把心理学的基本原理应用于广告设计、制作和传播中，从而产生最能激发消费者消费欲望的广告，为广告传播提供心理学依据。因为只有掌握了消费者的心理，了解消费者不同性别、年龄、文化程度、收入水平、工作性质等，才可以更好地迎合、引导消费需求，做出有效的广告，进而达到双赢的局面。广告心理学的主要任务就是探讨广告活动过程中消费者心理活动的规律,使广告活动建立在心理学法则的基础之上,以提高广告的科学性。

学习和研究广告心理学,可以帮助我们探索广告活动与消费者相互作用过程中产生的心理学现象及其存在的心理规律,同时可以运用所学的广告心理学有关理论去指导实践,更好地进行广告创意和传播。因而,学习和研究广告心理学,无论在理论层面还是在实践层面,都具有重要意义。

从理论层面讲,广告心理学的研究能够丰富广告学和心理学的研究,为广告学和心理学的蓬勃发展奠定基础。特别是在我国,广告心理学的研究起步较晚,与西方相比差距较大,我们自己的理论研究和实证研究都比较少,很多时候都是在学习和借鉴西方的广告心理学的理论、技术。可以说,构建有中国特色的广告心理学理论体系的任务依然很艰巨,这更触发我们奋起而直追。

从实践层面讲,其意义可从三个方面理解。

第一,运用广告心理学的原理与规律,使广告活动建立在科学的基础之上。理论研究的目的,就是为实践提供依据。广告传播活动如果遵循人们的认知程序,遵循传播的规律,就会使人乐于接受,也易于接受,从而达到较好的广告效果。反之,就很难奏效。现代广告已经从以企业的生产或产品为中心转为以消费者为中心,强调从消费者的需要及广告接受者的心理出发开展广告活动。换句话说,企业的广告活动只有适应消费者的需求和接受心理,才能为消费者所注意和接受。因而,可以说广告心理学研究成果指导着广告实践活动的具体操作和发展方向。广告心理学的研究成果不仅是对当时广告实践中的经验和规律的总结,更是对未来广告活动的指引。广告心理学之所以要从消费者的角度审视广告活动的全过程,是为了给广告实践中的决策提供科学的依据和理论指导,为广告实践中的问题提供科学的解决方法,其意义就在于使广告活动的操作建立在科学的基础之上。

第二,可以更好地满足消费者的需求,从而提高广告主的经济效益。广告就是为了传播有关商品、服务和思想观点的信息,并获得预期的受众反应。这种反应对于营利性的广告主来说,是其利润预期,即扩大销售,增加利润;对于非营利性的广告主来说,是为了传播某种思想观点。对这两类人来说,广告要想获得成功,都必须借助于广告心理学的研究成果,以便按照广告活动的心理规律进行广告宣传。

第三,研究广告心理学,有利于传播理性的消费观念,建立社会主义文化、伦理道德和价值观念。戈公振在1927年出版的《中国报学史》中曾论述广告的政治思想和文化价值，“广告学为商业发展之史乘，亦即文化进步之记录”，“不仅为工商界推销产品之一种手段，实负有宣传文化与教育群众之使命”。① 广告学兼有的使命，广告心理学自当分担起应尽的职责。在商业活动繁盛、人们的消费感性化倾向初露端倪的今天，传播理性消费观念，建立与社会主义核心价值体系相应的伦理道德观念、价值观念，是广告心理学责无旁贷的使命。

二、广告成功的心理基础

广告是为了实现传播者的目标而带有较强自我展现特征的说服性信息传播活动，通过改变或强化人们的观念和行为，来达到特定的传播效果。雀巢咖啡一句“味道好极了”，简单而又意味深远，经典之处在于可以发自内心，脱口而出；“钻石恒久远，一颗永流传”，戴比尔斯钻石使人们把钻石与爱情联系起来，并感受其中的美妙；柯达胶卷打出了“串起生活每一刻”，把拍照片和美好的生活联系在一起，让人们记住生活中那些幸福的时刻；朗朗上口的“没有最好，只有更好”，让我们记住了追求永无止境的澳柯玛电器；果汁行业霸主汇源集团的“喝汇源果汁，走健康之路”的口号已深入人心；“送礼就送脑白金”的狂轰滥炸，让人心烦意乱，“送爸爸，送妈妈，送爷爷，送奶奶，送小弟，送小妹，送阿姨，送老师……”的铺天盖地，遭到了很多人的口诛笔伐。

都是广告，有的对受众产生了持久的影响，很多年后依然耳熟能详；有的却形象不佳，甚至产生了负面影响。无论从何种角度来看，广告的“质”远比“量”来得重要，有“量”无“质”的广告甚或会引起人们的反感，作用更将适得其反。要想获取广告的“质”，心理学研究的介入显然是必不可少的，正如广告界的一句名言：“科学的广告，遵从了心理学定律。”②

广告是通过传播，按广告主的欲求，通过策略的运用以及创意与表现等手段，促使人们采取某种行动；而心理学则将感知觉、记忆、想象、注意、情感、意志等心理过程和需要、动机、兴趣、性格等个性心理作为研究对象。要达到广告的预期，就必须对消费者的心理进行研究。

要引起消费者对广告内容的兴趣、注意及情感共鸣，相信和接受广告内容，按照说服者的意图采取购买行动，事先就要对消费者购买商品前后的性格、需要、意志等心理活动有所了解，把握消费者是求新还是求美，是张扬还是保守，是坚定还是随波逐流。只有真正了解消费者的这些心理

① 舒永平．广告心理学教程 [M].2 版．北京：北京大学出版社，2010.

② 沃尔特·D. 斯科特．广告心理学 [M]. 李旭大，译．北京：中国发展出版社，2004.

活动及心理活动过程，才能使广告产生预期效果。

成功的广告必然是对有关心理学原理自觉的或不自觉的应用。正如斯科特所言："广告是现代商业方法的必要元素，商业人士要想聪明地做广告，就必须了解其顾客心理，知道如何有效地影响他们，总而言之，他必须懂得将心理学运用于广告。"① 美国广告界泰斗奥格威有一句名言："在广告活动中，消费者是我们的上帝，而消费者的心理则是上帝中的上帝。"这句话十分形象地说明了研究广告心理学的重要性。广告的设计和传播需要遵循心理学法则。这是广告科学性的内在要求。

随着市场经济的发展与社会文明进步程度的提高，人们的消费心理开始发生显著的变化，感性消费阶段的消费者更注重追求情感上的满足，或产品与理想的自我概念的吻合程度。这就要求我们关注消费者的消费心理和广告心理的研究。买方市场时代的到来让市场竞争更为激烈，广告在市场销售中担当的作用越加重要，商家对广告从来不吝投入。但按照广告界一个较为流行的说法，只有一半的广告费是起了作用的。为什么另外一半广告费打了水漂？"科学的广告术是依据心理学法则的"，广告界的这句名言道出了问题的根本所在。广告成功的关键在于找对人、说对话，为此，就要研究广告过程中消费者接受广告信息的心理活动规律。广告心理学正是研究广告活动中消费者心理活动规律和广告创意规律的一门学科。

总之，在广告活动中，消费者处于中心的位置，消费者的心理是广告活动的出发点，只有科学地揭示消费者心理活动的规律，并以这种规律为依据进行广告的策划、创意和传播，才能达到预期的广告目的，也只有通过科学的方法才能揭示和把握消费者的心理活动规律。所以，凡是立志从事广告事业的人，都应该尽可能多地掌握一些广告心理学的知识。

① 赛来西·阿不都拉．广告心理学[M]．季靖，译．杭州：浙江大学出版社，2007.

第一章　广告主与广告受众的心理研究

广告主是广告传播过程中的主体，通常而言，广告主需要获得广告传播中产生的收益，才会对广告继续投资，因此，广告主对于广告的制作往往有比较高的要求，期望自身企业的产品通过广告宣传获得销量增长。而受众则是广告传播的对象，他们也是广告宣传之后的潜在客户，为此，广告主和受众之间需要达成和谐的关系，才会形成广告的良好传播。本章主要论述了广告主与广告受众的心理研究，包括广告主的心理、广告受众的心理、广告对消费行为的影响、AIDMA 法则与 CDP 模型四个方面的内容。

第一节　广告主的心理

一、广告投放和销售量增长

根据数据统计，在消费类商品中，广告和市场的销售业绩基本上是同比增长的，其中酒类、药品在这一方面的增长趋势特别明显。中央电视台曾经对在其竞争标版上做出广告的一些企业进行相关的跟踪调查，结果显示，所有的企业在做了广告之后的近一年时间内，销售都取得了非常好的成绩，也带来了比较丰厚的经济效益。

其中，在央视做过广告的企业，其销售榜单上主要有脑白金、黄金搭档、蒙牛、伊利、奇瑞、长安、哈飞、金龙鱼、长城、张裕、海尔、海信、TCL、美的、格力、联想、昆仑、雅戈尔、杉杉、七匹狼、安踏、利郎、康师傅、娃哈哈、农夫山泉等。

广告在中国社会发展进程中创造出了一个又一个的神话，尽管其中仍存在着诸多经验和教训需要我们进行总结，但是广告投放对销售增长能够起到促进作用，这点是毋庸置疑的。

不可否认的一点是，广告能够单独发挥作用，但是如果它不能与其他的营销组合工具合理配合运用，就不可能将其最大的效用发挥出来，对企业而言也必定是一种非常不经济、不科学的策略。例如，某种产品的广告引起了很多消费者的兴趣，而这时产品销售渠道没有建设完备，消费者欲购买但是在终端很难发现这种产品，通常情况下他们会转而购买其他同类产品，甚至是从此形成一种品牌忠诚。包括广告在内的一些营销组合手段，仅仅是整个市场营销策略过程中的一个环节，它们的作用能否得到充分发挥，还需要看各营销要素间相互配合的好坏。因此，只有在各种类型的营销组合策略配合完好的前提下，广告的最好效果才可以得以充分发挥。

二、广告投放与品牌资产积累

在现代经济发展的前提下，产品不仅在功能、技术和广告创意表现等多个方面同质化程度提高，而且在营销推广的手段、战略、战术等方面也存在惊人相似。那么促使消费者产生最后购买行为的究竟是什么呢？从有关心理学的书籍中我们可以看到，人们能够较快地识别自己所熟悉的东西，潜意识里对自己熟悉的东西存在很大的信赖。所以在其他诸多因素相同的情况下，消费者会更加倾向于选择自己所熟悉的品牌，这也就是品牌知名度高的产品销量好的原因。

基于这样的认识，一些比较权威的专业人士认为，现代广告最大的一个作用已经并非增加产品的销量了，更多的是要大力强化品牌印象。通过广告的宣传，能让一个品牌变得更为人熟知或者进一步增加其凸显度，树立其良好的品牌形象，提高品牌的知名度、美誉度等，并且最终可以积累成品牌无形的资产，也就是“品牌资产”（Brand Equity）。而品牌资产能为广告主带来十分丰厚的市场回报，如可口可乐总裁就曾说：“如果一夜之间可口可乐的资产化之为零，但只要还有可口可乐这个品牌，可口可乐很快就会东山再起。”很明显，这是品牌资产所积累下来的效益。

（一）品牌资产与构成要素

品牌资产也被人们称为品牌权益。1989 年 9 月，美国《营销研究》发表了一篇由彼得·法吉哈（Peter H.Farquhar）撰写的《经营品牌资产》研究报告。两年之后，美国加州大学的大卫·艾克以更为完整的理论、架构以及实例出版了同名的专著。品牌资产由四部分要素构成，它们指导了品牌的发展、管理和评估。

1. 品牌认知

品牌认知（Brand Awareness）也可以称作品牌知名，属于消费者认出、识别以及记忆某种产品类别的能力，进而在观念之中建立起品牌和产品类别之间存在的联系。品牌认知往往存在一个由浅到深的变化过程，就对品牌认识的程度来说，分为三个层次：品牌识别、品牌记忆以及深入人心。一个得到认可的品牌通常是消费者最为熟悉、最为认同甚至是最喜欢的品牌之一。这种品牌往往是在消费者心目之中印象最深、影响最大的。面对多个品牌，消费者在购买商品或者服务时，往往会选择一个比较熟悉、喜欢的品牌。所以，可以被人们记住品牌，特别是一个深入人心的企业品牌，在消费者进行购买的时候通常起到了非常重要的作用。

2. 品质认知

品质认知（Perceived Quality）属于消费者的判断之一，它是消费者对产品或者服务的全面质量、优势做出的感性认识，是对品牌产生的一种无形的、全面的感知情况。品质认知是形成品牌资产十分重要的构成，品质认知的程度越高，对品牌资产的积累产生的作用也就越大。产品自身的质量过硬是提升品质认知十分重要的条件之一。高质量的产品能形成一种额外的价值，可以给消费者带来心理层面的满足与平衡，进而能给品牌带来一个比较好的赞誉，更进一步扩大了它的销售规模。

在这里应该明确的是，产品自身的高质量仅仅是企业的安身立命之本，还不是品牌体现的高质量，真正的高质量往往是品牌所体现出来的独一无二的品牌价值。对这些认知因素产生影响的主要是品牌联想、品牌外观、品牌名称、价格、广告数据等。例如，在超级市场之中，产品新鲜度往往意味着总体的质量；清洁剂易起泡通常意味着清洗更为有效；广告支持一个品牌的次数多往往也暗示了它属于一个优质产品，特别是新产品更容易受到广告的支持影响。

3. 品牌联想

品牌联想（Brand Associations）主要是指人们在记忆中和品牌保持联系的各种事物。一个品牌能够和一种事物产生联系，也能和其他多种事物保持联系。和品牌存在联系的各种各样的事物能够引起对品牌的联想，进而能够加深品牌在广大消费者心目中的印象。品牌联想能够让广大消费者形成对某品牌非常有利的特定感觉，强化品牌形象，提高消费者对品牌的忠诚度。

产品或者品牌和消费者在沟通的过程中的所有环节与信息都能够比较明显地影响人们的品牌联想。例如，广告中常用的手法就是邀请明星作代言人，这通常是为了让广大消费者有一个比较好的联想，并且把这种感觉转移到自身上来，最后在使用产品的时候，形成典型的品牌忠诚度，如新发布的小米手机9,就邀请了当红明星王源作为代言人,以突出品牌效应。

除此之外,恰当的公关宣传也能让消费者达到预期的联想,如每到"3·15"消费者权益日的时候,企业如果和政府部门一起开展打假维权的活动,消费者往往会出现一种联想,即该企业必然不会欺骗消费者,以至于能进一步提高其品牌形象与品牌的美誉度。

4. 品牌忠诚

品牌忠诚(Brand Loyalty)指的是消费者对于品牌的感情深浅程度。消费者对品牌产生比较高的忠诚度,是品牌的重要资产,甚至属于品牌资产的核心部分。消费者对于品牌感情做出的有机衡量,品牌忠诚度的高低都能够反映出消费者转向另外一个品牌的可能程度。品牌忠诚度越低,消费者就越有可能转向另外的品牌;反之,则转向另外品牌的可能性就会越小。

(二)广告促进品牌资产积累

1. 广告能提高品牌知名度

品牌知名度通常属于测量术语,主要是指知道某品牌的消费者在所有消费者中所占到的比例大小。

品牌的知名度往往会因人与产品的类别产生一定的差异。品牌的知名度也会随着消费者年龄的增加而增加;高收入的经济群体往往会比低收入的经济群体知道更多的品牌名字;高智商的孩子往往比低智商孩子更多地熟悉品牌的名字;品牌的知名度和兄弟姐妹的数量没有关系。

此外,品牌的知名度通常会随时间推移而出现一定的变化。如摩托罗拉手机的第一提名率在1998年的时候为52.2%,1999年的时候则下降为22.7%,而在2000年的时候则又回升到了32.0%。截止到现在,反而是华为、苹果、小米等手机的提名率非常高。在广告的实践过程中,消费者往往十分关注品牌的知名度,有一些研究充分表明,品牌的知名度和品牌的偏好水平、市场占有率存在一定的正相关。

2. 广告有助于建立品质认知

通常而讲,消费者对品质认知是在使用了产品或者服务以后,但广告对于快速提高消费者的品质认知依旧发挥很大的作用。一般消费者会对他们使用过或者正使用的产品广告产生更大的关注,他们把已经存在的关于品质认知的体验和广告中对于品质的表现做出相应的对比与联想。

如果是相符的话，那么原有的好感会进一步加深，更为信任品牌，对产品与自己的判断也都非常的满意，从而成为这个品牌的忠诚消费者。相反，消费者一旦认为广告属于骗人的，原有的一些不良印象都会进一步加深，甚至会出现极度反感与不信任的情绪。

3. 广告为品牌联想提供空间

广告的一个最主要的功能便是教育广大消费者，让广大消费者可以对品牌立刻产生联想，那么消费者所能够想到的特质，往往是这一品牌独特的卖点或者个性，从而形成差异化认知。广告通常充分利用这一独特的差异，在消费者内心创建一片天地，并且让这一产品在广大消费者的心中处于首要位置。

在广告表现的手法之中，最为常用的便是情感诉求，把广告所带给消费者的美好感受转移到对品牌的好感上来。广告能塑造一定的感染力，传达出一种十分微妙的思想感情，引发消费者的欲望，促成行动，提高购买和使用过程中的心理享受。

4. 增强消费者的品牌忠诚

品牌忠诚可以让企业有时间对竞争者的行动做出充分的反应。当竞争者开发出一个更为优越的产品把自己的顾客吸引过去以前，企业往往都能够改进产品以便达到和竞争者相当的水平。很多老牌的企业，以自身存在大量的忠诚顾客作为后盾，在市场上采取跟进的策略，以便规避新产品市场开拓的风险。

第二节　广告受众的心理

一、广告受众对广告的不同感觉

感知的结果，既依赖于客观对象，又与感知者自身的因素密切相关。因此，了解认识过程的特点与规律，对于提高广告传播的效果很有价值。感知过程通常分为两部分，包括感觉与知觉。知觉主要是在感觉的基础上形成的一个相对高级的心理反映，要了解知觉过程的特点与基本规律，首先就应该对感觉加以分析。

（一）感觉的基本概念

人类在自身的长期适应环境过程之中，形成了类型多样的感觉器官，如视觉器官、听觉器官、嗅觉器官、味觉器官等,这些感觉器官会用在反映对我们生活和生存有意义的内外刺激上来。

任何一种客观的事物都具有多个层面的属性与特征,如物体的大小、形状、颜色、轻重、光滑度、硬度等。当客观的事物作用在人的感觉器官时,在大脑之中就能够引起对这些特定对象的个别属性反映。从心理学层面来看,感觉就是人脑对于那些直接作用于感觉器官的、客观事物的个别属性的一项直接的反映。例如,我们能够看到色彩、听到声音、尝到味道、嗅到气味,这些都属于感觉范畴。感觉是对客观刺激的最基本反映,通过感觉,个体不但能够很好地反映出外部的客观事物各种属性,还能够进一步反映出自己的身心状况与变化。

个体对客观世界事物的认识通常是由感觉开始的,消费者通过大脑对外部的广告信息进行接收、整理、加工、储存等工作,进而形成对产品或者服务的直接认知。个体对于某种产品或者服务做出的认识,是以对这一产品或者服务的感觉为前提的。

(二)感觉的不同类型

感觉可分为视觉、听觉、嗅觉、味觉以及皮肤感觉等多种类型。感受器只有在一个比较适宜的刺激基础上,才可以引起人的不同感觉,不同的感觉通道有着完全不同的感觉能力。

1. 视觉

视觉通常还会包括颜色视觉、暗适应和明适应、对比与视觉后像等多个方面的内容,其中,颜色视觉往往会对广告心理学产生比较特殊的意义。

颜色具有让人产生某种心理联想与唤起某种思想情感的典型作用,人们往往会在特定的情境下使用特定色彩。通常而言,每种颜色和一些相应的情感存在紧密的联系。

由于不同颜色表达的是不同心理意义,因此在开展广告创作设计的时候,应该充分注意颜色运用应该和广告活动在理念、主题、基调以及产品特点方面保持协调一致。从一些国际知名的品牌广告活动中,我们能够看出这一形式,它们十分重视广告的色彩选择与应用。例如万宝路香烟(图 1–1),以红色为广告的基色,可以明显地突出西部牛仔的“冲劲”,而万事发香烟的广告,以天蓝色作为基调,以此来衬托这一商品“淡雅飘逸”的特征。

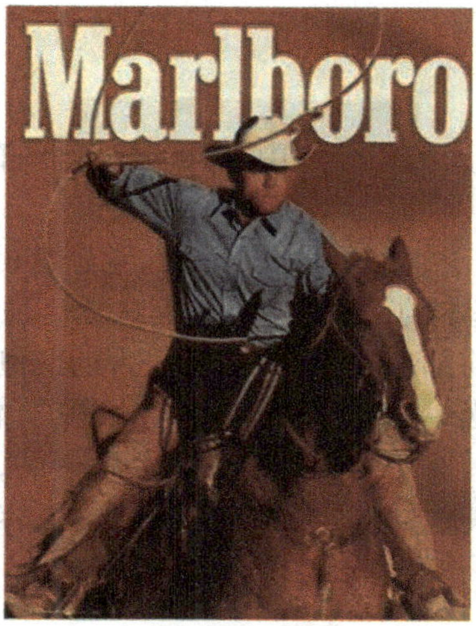

图 1-1 万宝路香烟广告

2. 听觉

声波主要是作用于听觉器官的一种形式,引发其感受细胞兴奋,并且能够引起听觉神经冲动,进而发放传入信息,经过各级听觉中枢分析之后最终引起感觉。听觉是仅次于视觉的重要感觉,在人的生活过程中能够起到非常大的作用。人类可以听到的物体振动声波范围一般为 16 ~ 20000Hz,普通人很难听到 16Hz 以下 20000Hz 以上的声波。

声音具有三个典型基本物理量——频率、强度与振动形式,反映于心理学过程中人的主观体验领域,分别表现为音高、响度与音色三种重要的形式。声音的这三种形式是广告心理学十分重要的研究内容,音的高低、响度大小以及音色的优美,对于广告宣传而言都富有非常重要的影响。广告宣传不但需要充分考虑这三种因素的选择,还需要注意这三种因素之间的组合以及由它们发展演变或者相互作用形成的听觉变化。听觉刺激也是广告宣传发挥功效的一个途径。

3. 嗅觉

嗅觉是挥发性物质的分子作用在嗅觉器官上产生的结果,通过嗅觉人们能够分辨出不同的物质。嗅觉的刺激物一定为气体物质,只有挥发性的物质分子,才可以成为嗅觉细胞最直接的刺激物。

人类嗅觉具有非常大的敏感度,通常使用嗅觉阈进行测定。嗅觉阈是引起嗅觉的有气味物质的最小浓度。利用人造麝香气味来测定人的嗅觉阈时,1L 的空气中含有 5 ~ 10mg 麝香就能够被嗅到。在满桌的菜肴之中挑选自己比较喜欢的菜时,菜肴所散发出来的不同气味,是左右人去选择的基本要素。

4. 味觉

味觉是指食物在人的口腔之中对人的味觉器官产生刺激带来的一种化学感受。

味觉是由可以溶于水的物质作用在味觉器官(舌)形成的,呈味物质直接刺激味蕾形成基本的甜、酸、咸、苦等味觉。通常人的舌尖与边缘对咸味非常敏感,舌的前部对甜味非常敏感,舌的两侧对于酸味敏感度比较高,而舌根往往会对苦、辣味非常敏感。在四种基本的味觉之中,人对于咸味的感觉是最快的,对于苦味感觉的则是最慢的,但是就人对味觉敏感性程度而言,苦味比其他的味觉要敏感很多,也更容易被人们所觉察。

5. 肤觉

肤觉也称为触觉,是具有机械与温度特性的物体在肤觉的器官作用下引起的感觉,是皮肤受到不同的物理或者化学刺激形成的触觉、温度觉与痛觉等一些皮肤感觉的总称,可以分成痛、温、冷、触(压)四种比较常见的感觉。

产品手感重点源于人的肤觉,实物广告往往会充分利用肤觉让广告受众形成一种对产品的印象与记忆。

6. 运动觉

运动觉通常会反映在我们四肢的位置、运动以及肌肉收缩的程度方面,运动觉的感受器表现在肌肉、筋腱以及关节表面的感觉神经末梢。

7. 平衡觉

平衡觉是反映在头部的位置,表达的是身体平衡状态的感觉。平衡觉的感受器在内耳半规管与前庭部位。机动车类的产品通常能够提供一种平衡的刺激,引发平衡觉。

8. 机体觉

机体觉主要反映的是机体内部状态与各种器官的工作状态。它的感受器大多数位于内脏器官,分布于食道、胃肠、肺、血管以及其他的器官之中。食品与药品通常也会成为机体觉的刺激物,形成完全不同的机体觉。

二、广告受众对广告的知觉

广告活动中所表现出来的知觉过程非常重要,广告者的知觉水平能够深刻地影响广告活动的效果。广告者一般会对外界的认识与自身心理的变化进行充分的了解，通过人的感知觉通道以很好地实现广告效果。

（一）知觉的定义

知觉属于人类大脑对直接作用在感觉器官上的客观事物做出的一个整体反映。知觉是外界刺激作用在感官的时候，人脑对外界整体的看法与理解，并且是对获得感觉信息做出的一次组织与深刻解释。

在广告心理学中，广告受众在知觉方面主要指的是个体层面的认识、选择、组织，并且进一步解释了作用在人的广告刺激中的过程。对产品与服务信息所带来的知觉，不仅依赖于广告受众接受信息的基本方式，同时依赖于广告受众理解这类广告的刺激等多个方式。知觉是一个双向建构的重要过程，而广告的受众对于一件产品或者服务的信息知觉产生一定的差异性，对日后所形成的对产品或者服务的态度以及行为差异等，都存在着非常重要的影响。

根据知觉对象所带来的不同情况，能够将知觉分成视知觉、听知觉、味知觉、嗅知觉与触知觉等多种类型；或是根据其具有的典型性质，可以分成物体知觉与社会知觉两大类。

（二）感觉和知觉的异同

1. 两者的不同

（1）产生的来源不同。感觉是介于心理和生理之间的活动，它的产生主要来源于感觉器官的生理活动及客观刺激的物理特性。知觉是在感觉的基础上对客观事物的各种属性进行综合和解释的心理活动过程，表现出的是人的知识经验以及主观因素进行的有效参与。

（2）反映的具体内容不同。感觉一般情况下属于人脑对现存客观事物进行的一种个别属性的直接反映，知觉则属于对现实存在的客观事物做出各类属性的综合整体性反映。

（3）生理机制不同。感觉是单一分析器活动产生的直接结果，而知觉属于多种分析器之间相互协同工作，对复杂的刺激物或者外界刺激物存在的关系做出分析产生的综合性结果。

2. 两者的联系

（1）感觉是知觉形成的基础。感觉是知觉的组成部分，也是知觉产生的基本条件之一，未产生对客观事物个别属性反映的感觉，就不可能出现反映客观事物的整体知觉。

（2）知觉是感觉的深入和发展。通常而言，对于某个客观的事物或者现象所能够感觉到的个别属性越丰富、完善，则对该事物产生的知觉会越完整、准确。感觉与知觉同样都属于人脑所固定的本能，属于人的心理活动重要的基础特性。通过感官的直接感觉信息或者所获得的个别属性，不能够充分说明广告的受众实际所形成的有意义与连贯的心理状态，大脑只有在对各个方面的感受信息做出深度的加工（选择、组织和解释）之后，才可以形成知觉的意义，其属于个体保持和外界相互接触的重要方式。

（3）知觉高于感觉心理。知觉在感觉的基础上形成和发展，属于一个相对较为复杂的心理过程，主要包括从复杂环境中把一些感觉分离出来进行组织，且根据过去的经验做出解释等的心理活动。例如，人们在看一个汉字的时候看到的并非散乱的斑点，看画的时候看到的是一幅图画而并非颜色色块，同样听歌曲听的也并非单个的声音或者音符。

从某种意义层面来看，对广告的认识与接受，属于人对于广告的知觉问题。并不是简单地从声音、颜色以及构图层面来认识广告，而是对广告做出整体的反应。

三、知觉的特性

（一）选择性

人生活的现代环境充满了各种各样的刺激因素，比较常见的是声、光、电、热等，在同一时刻作用在人的感觉器官的刺激物是多种多样的，由于人对信息的加工能力存在一定的限制，在特定的时间范畴，人并不可以充分感受到所有的刺激，也不能对所有作用在感觉器官中的刺激做出充分的反映，而仅仅是有选择地对其中的某一个部分产生反映，只可以感受引起注意的一小部分刺激。而具体感受到哪一种信息，则受已存在的经验、兴趣等人为因素的影响。人对于外部刺激都会有选择地做出反映，这属于知觉能动性的一种比较直观的体现。

在知觉过程中，凡是被人们清晰地知觉到的事物，都可以视作知觉对象，而周围一些没有被清晰知觉到的事物可以构成知觉背景，知觉过程通常情况下是将对象从背景之中分离出来的一个过程。

知觉的选择性除了会受到消费者主观因素的影响之外，还非常容易受到客观因素带来的影响。刺激物的强弱、长短、色彩以及和其他各个对象的对比等多方面因素，都会对知觉的选择性产生一定的影响。

（二）整体性

整体性是指当人们在感知到某一个比较熟悉的对象时，只需要感觉到它所表现出来的个别属性或者主要特点，就能够根据过去的经验了解到它的其他属性与基本特征，进而能够整体地知觉它。

1. 图式认知

自动地补充欠缺的信息，使能够感知到的东西形成一个相对的整体，这种自动补全缺漏的基本特性，心理学上将其称作图式认知，如图 1-2 所示，人们认为自己所看到的就是一个三角形，而事实上，这张图是由三条完全不相连的线段所构成的，并非是一个真正的三角形，知觉整体性会主动把图中的空白位置补全了。

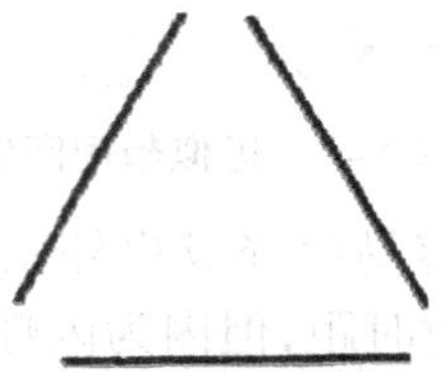

图 1-2　图式认知图例

在广告的设计过程中往往会应用到知觉整体性，对于产品的宣传不必做到面面俱到，广告受众通过图式认知一般会自动构成相关产品的完整信息。

例如，冰箱能够制冷，该功能是人们公认的基本常识，做广告时只需要突出宣传冰箱的容量大或者省电这类特征就可以了，尽管广告中不提到制冷功能，广告受众群体也会在心中激活冰箱的完整图式。而当感知的对象属于没有经验或者不熟悉的事物时，知觉在很大程度上会更多地以感知对象的特征作为转移，依据习惯将它知觉为具有一定结构的整体。

2. 相邻趋同

对于相邻的东西，认知系统通常会自动把它们归在同一组，这种情况称为相邻趋同。邻近原则主要是指两个或者两个以上的刺激（同类物）一旦在空间上出现彼此接近的情况，那么每个物体都有被视作构成整个知觉组型一分子的倾向。人们一般会将图 1-3 中的线段看作六组，而并非将其看为十二条独立的线段。

3. 近似趋同

对于要素相同或者比较相似的东西，认知系统通常会自动把它们归在一组，这种现象称为近似趋同。在知觉情境之中存在着多种刺激物同时存在的情况，各个刺激物间在某些方面的特征如果存在相似之处，通常都会被知觉视为一类。根据刺激物的相似特征构成知觉经验的心理倾向，被人们称作相似原则，如图 1-4 所示。

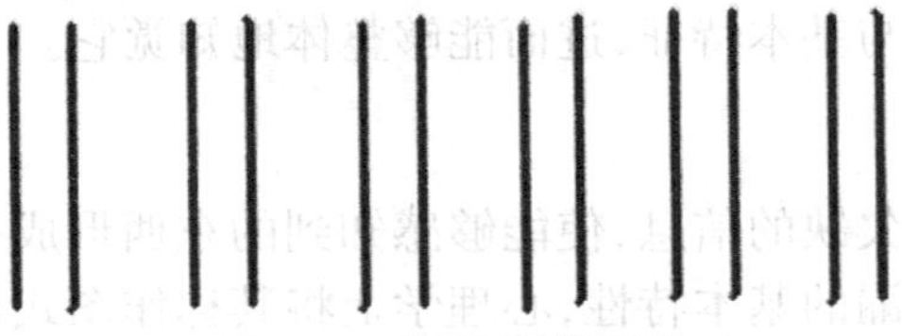

图 1-3　相邻趋同图例

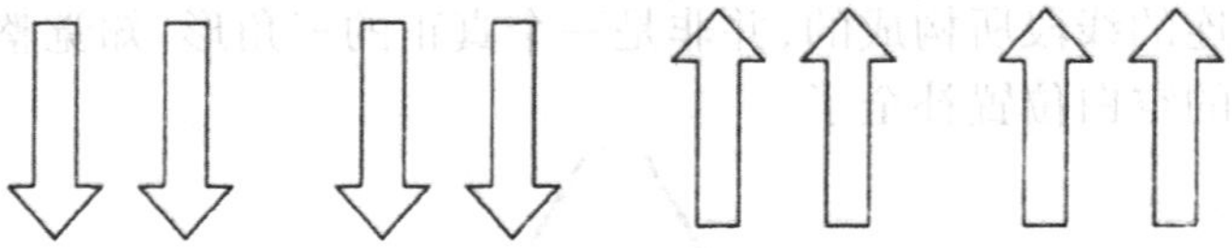

图 1-4　近似趋同图例

知觉的这一特性非常容易解释成户外霓虹灯广告的动态效果，虽然各片段之间存在一定的短暂时距，但因为闪烁的速度非常快，故比较容易让人产生一种动态的、整体的映像。

（三）理解性

人们在对客观的事物产生知觉的过程中，总会基于已有的知识与经验对外部输入信息做出相应的理解与解释，以至于能够获取对客观事物的判断、评价与看法，知觉过程的这个特性也被称作知觉的理解性。知觉的理解性通常会让人的知觉过程变得更为迅速，大大节约感知时间与工作量，同时，也让知觉对象变得更为准确完整。知觉者对这一事物相关的知识与经验越丰富，对这一事物的知觉也就会越充分，对它的认识同样也就越深刻。

由于知觉过程往往要受先前知识、经验的一定影响，所以，对同一客观对象而言，因为不同的知觉者在知识、经验方面存在极大的不同，对知觉对象的理解同样也存在很大的不同，于是就能够形成不同的看法与联想。依据知觉的理解性，为了能够进一步提高广告的效果，在广告创意、设计以及传播的过程之中，需要充分考虑到目标消费者群体在知识和经验方面的差异。只有目标消费者比较熟悉，与其知识、经验保持一致的广告信息，才可以被他们比较顺利地接受与理解。

如果将某件普通的商品衬托以十分豪华的装饰，或是放在一个富丽堂皇的包装中，就会使消费者感觉商品极为名贵。例如，化妆品的包装瓶造型通常会比较精美高雅，使消费者联想到化妆品如同包装瓶那样十分典雅高贵，进而产生购买的欲望。假如包装瓶的外观非常粗糙，造型也不是那么美观，就难以使消费者产生这种化妆品让人美丽的联想。

除此之外，为了进一步避免消费者对商品产生误解，企业在对商品展开广告宣传的过程中，还需要正确地引导消费者理解商品，避免产生一种片面甚至错误的理解行为。在广告中同样也不应运用图像与文字模棱两可的信息，信息模糊会阻碍广告受众对广告做出准确的理解。

（四）恒常性

知觉的恒常性就是指因为知识经验的参与，当知觉客观条件在特定的范围之中改变时，个体对它的知觉映像会在相当的程度上保持相对稳定性，不会随知觉的条件变化而发生改变。比较常见的知觉恒常性有大小、形状、颜色等。

1. 大小恒常性

依据几何学的相关透视原理，客观对象在视网膜上所形成的图像会随距离的增加而逐渐减小。如果需要在距离增加的基础上保持视网膜上的图像大小不变，就一定要让对象变大。因为知觉的恒常性存在，当一件物体离开得越远，它在视网膜上呈现的图像就会越小，可是人往往会以为它的大小没有发生任何改变。例如，从窗口望远处的楼房，其视像通常会变小（图 1–5）。

图 1–5　从窗口望远处的楼房

2. 形状恒常性

对物体形状的知觉不会因为它在视网膜上的投影变化而出现变化，称为形状恒常性。例如，当门打开的时候，它的图像就会从矩形变成梯形，但是过去的经验会自动告诉人们，这个门自身没有出现任何变形。广告从不同的角度展现出的是同一产品，虽然发生可以觉察的图形变形方式，但是广告的受众依旧是根据个体过去的经验保持了对产品的形状知觉的恒常性，认为这种产品自身没有出现任何改变。

3. 颜色恒常性

在不同的照明背景下，同一件物品反射至人眼中的光会发生很大的变化，但是它们的颜色往往看起来没有发生任何改变，这就是颜色的恒常性。颜色恒常性和个体经验存在非常大的关系。

例如，珠宝专柜通常会布置强光，使珠宝产品变得更为美观，珠光宝气、一片灿烂，假如把珠宝产品放在暗室之内，尽管光线比较黯淡，但是依旧比较美丽。颜色恒常性的存在，保证了人们对不同珠宝产品知觉的稳定，认为其颜色并没有发生任何改变。

第三节　广告对消费行为的影响

一、消费者的行为

消费者行为学是以消费者购买心理与行为活动为研究内容的实用性科学，是营销学科体系的重要组成部分。

（一）消费行为的一般特征

消费行为是人们在日常生活中，为了生存和发展而购买、享用社会商品和服务的活动过程。由于受到各种因素的影响与制约，不同消费者的消费行为表现是多维的，具有较大差异性。一般说来，消费者消费行为具有以下 7 个特征。

1. 消费行为的目的性

消费行为是一种动机性活动，它是在人们生活需要的基础上产生的，有着明确的目的和指向。如果消费者缺乏生活需要产生的驱动力作用，消费者行为就不会实现；如果消费者需要不强烈，也会延缓和阻滞消费行为。在这方面，西方学者是用效用理论来解释消费行为的：这个理论认为，在经济收入一定的情况下，消费者消费行为的目的在于使用定量资金来达到商品效用最大化。所谓商品效用最大化，是指商品能够满足消费者某种需要并带来愉快和享受的最大程度。尽管效用理论的观点有局限性，但是，我们仍然可以从中得到一些有益的启示，那就是消费者是根据商品效用的大小，即对自身需要的满足程度来进行消费的。消费行为的出发点是需要，归宿点则是满足人们的需要。离开了这两点，消费行为就失去了自身的价值和意义。

2. 消费行为的自觉性

从古至今，人们消费的基本前提都是预先支付一定的货币，投入相当的财力和精力，然后才能取得商品的使用权，获得生理和心理的满足。这就说明消费行为是一个充分体现个体的自觉性的活动过程，即消费者在意识到自身需要的基础上，自觉地搜集商品信息，自觉地进行品牌评估和选择，然后量力而行地做出购买决策。特别是当个人需要与其购买力、社会环境等不一致、不协调的时候，消费者会自觉地调整自身的需求结构，重新确定在现有条件下，先满足哪些需要，控制和压抑哪些需要等。

3. 消费行为的习惯性

消费行为实质上是一种习惯建立的过程，这是西方学者关于消费习惯养成论的研究成果。习惯养成论的主要观点有 3 个。第一，重复形成兴趣与爱好。即消费者对商品喜好与兴趣是在重复使用该商品过程中建立起来的。用的时间长了，就会形成了某种消费习惯。第二，刺激—反应的巩固程度决定购买行为。也就是说，消费者对某种商品的购买行为直接决定于“商品—购买”这一“刺激—反应”链的巩固程度。如果消费者经常购买某种商品，就会形成习惯，建立起稳固的条件反射，他们一旦重新见到这种商品时，就会自然而然地产生购买行为。而且这种“刺激—反应”的强度越大，建立的条件反射也就越牢固。第三，强化物促进习惯性购买行为形成。条件反射学说的观点是：任何新行为的建立都是强化的产物。对于消费者来说，如果能及时而适当地使用强化物，就能有效地促进消费习惯的形成。优质名牌商品正是依靠自身具有可靠质量和完善功能的强化作用在消费者心中树立了良好的品牌形象，使他们对名牌商品形成了积极的心理反应，并最终形成了习惯性购买行为。

4. 消费行为的理智性

消费行为是理性过程，从消费者接受商品信息，直到最后做出购买行为，始终与信息加工直接相关。消费行为是消费者分析、比较、权衡和决策的过程，是消费者对自身需要有意识调整并对外界环境条件充分利用的综合过程。总而言之，消费者是利用自身经验和现有认知水平去操纵自己的消费行为。

5. 消费行为的象征性

在消费者的购买活动中，消费品是引起消费者各种心理活动的客体，它不仅具有物理、化学属性，更具有社会学和美学的评价意义。商品所具有的象征意义，一方面取决于它的本质特征；另一方面则取决于它所折射出来的社会心理学特征。消费者在购买商品时，通过联想和想象等心理活动，使自己的购买具有社会意义。

6. 消费行为的时间性

消费者的消费行为是在一定的时间和空间内发生的。从宏观上说，同一时代，人们的消费行为具有明显相同的特征，也具有差异性。这种差异性既表现在消费需要内容上不同，也反映在满足需要方式的差异性方面。随着社会生产力发展水平的提高，人们消费需求内容越来越丰富，层次越来越高，与之相适应的满足需要的方式也具有更文明、更先进的特点。从历史发展的角度看，人们的消费水平实质上是每一个时代社会生产力发展水平的体现。反过来讲，人们的消费行为不可能超越他们所处的时代，只能随着时代的发展而变化。

7. 消费行为的相关性

在消费过程中，消费者对一种商品的需要往往会引起相关的商品需要，这就是消费行为的相关性。消费需求相关存在着正、负两种形式。正相关指人们对一种商品需求量的增加，会引起相关的其他一系列商品需求量上升或需求水平提高。负相关则与此相反，指一种商品需求量增加会引起另一种商品需求量的下降。例如，西服的畅销会使领带和皮鞋成为热门货，这是正相关。

（二）影响消费者行为的因素

消费者通过消费活动满足自身需要的过程中，会受到许多因素的影响和制约。这里着重分析其中的几个方面。

1. 文化因素

文化概念有广义和狭义之分。广义文化指人类社会发展过程中所创造的物质财富和精神财富的总和，是人类社会历史发展水平、程度和质量的状态。狭义文化指某个社会和国家在一定物质基础上以哲学、宗教和行为方式为中心形成的综合体。它包括价值观念、宗教信仰、社会道德、态度、风俗、习惯、行为方式等各方面内容。文化对消费者行为的影响就如空气对人一样，虽然无形，却非常广泛和深刻。不同文化背景中的消费者在消费心理和消费行为上都有明显不同。因此，每一个企业在确定目标消费者时，都必须考虑文化因素对消费行为和消费心理的制约和影响。

2. 相关群体

相关群体指对个人的态度和行为具有直接或间接影响的群体。它包括两种基本的群体类型：第一类是所属群体，第二类是参照群体。从研究结果来看，相关群体对消费行为的影响程度取决于以下几个因素：群体是紧密型还是松散型；群体内成员的关系如何；个人对群体的态度，等等。一般情况下，群体结合得越紧密，消费者就越容易表现出与相关群体相似或相同的消费观念和购买行为。

3. 家庭因素

家庭是社会生活消费的基本单位。市场上绝大多数商品的购买和使用都是以家庭为基础而进行的。家庭是影响消费者心理和行为的重要因素。特别是我国社会传统色彩比较浓厚，家庭在消费中的重要地位不可忽视。

二、广告影响消费者的行为

广告可以通过对产品与服务的品牌、性能、质量、用途等信息进行有效的传播，拓展与提升消费者对相关的商品、服务等多个方面的认识，指导消费者进行有效的购买与使用，能够给消费者的日常生活带来便利。

（一）广告提供信息

广告最为基本的一个功能是向消费者提供自己产品的信息。消费者获取的商品与服务等信息大多是源于自己的经验与外部信息。随着市场经济的快速发展与市场空间的持续扩大，尤其是经济全球化发展进程的不断加快，使广大消费者在信息获取方面越来越依赖于广告。

信息化社会发展进程中的广告，起到的作用日益强大，“好酒不怕巷子深”已变为“好酒也怕巷子深”,广告传递的信息促进了销售。

1. 内部信息

内部信息依赖于消费者本身的知识和经验。消费者在自己的日常生活中不断消费不同产品,积累消费经验,因为这种经验的主要来源是个体亲身的实践,具有非常强的可靠性与可信性,消费者一般会依赖于内部信息作为评判、选择商品重要的依据,借助于内部信息的不断积累,完成了评判、选择商品的整个过程。实物广告的现场操作也能够进一步增加消费者的经验。

2. 外部信息

外部信息是指消费者从自身之外的渠道获取的知识和经验。在市场经济比较发达的现在,消费者已经不可以单纯地依赖内部的信息源作为评判、选择商品的基本依据,而是借助于大量外部信息来获得,才可以完成评判、选择商品的过程。

消费者评判、选择商品的过程一定要借助于大量的外部信息才可以完成。消费者所获得的外部信息主要源自广告主利用广告传播工具向消费者传递的信息。

3. 口传信息

口传信息是指消费者之间传递的商品信息。口传信息往往是在亲密的人和人之间加以传播的,所以可以成为消费者最为信任、最直接有效的信息源,但是其传播形式往往具有较大的局限性——人与人的口传方式,使它不可以在更大范围、以更快速度将信息传递给广大的消费者,不能满足更多消费者对于商品与服务等多个方面的认知、识别、选择性购买等多重要求,所以,很难成为消费者获取商品、服务等各个方面信息的信息源。

4. 中立信息

中立信息是指有关部门对商品所做的决定、检测报告。例如,政府公布的有关商品质量检查、评比的结果和电视台等举办的商品知识咨询节目等。中立信息源等信息发表的数量是极其有限的,不能够成为消费者对商品的认知、识别、选择性购买等信息的主要来源。

广告对于消费者将会产生非常大的作用,影响消费者的购买行为,所以,广告也就成了对消费者最富有影响力的主要信息来源。有关方面的研究结果表明广告已经发展成了不同的产品信息来源的重要途径,广告对消费者产生的影响因为传播途径的不同而存在极大的不同。

（二）广告的引导作用

现代化的生产门类非常多，新产品也在不断出现，并且出现了分散销售的情况，广告通过对商品知识的介绍，可以起到非常好的指导消费作用，促使消费者及时地去购买自己所需的产品。但是有一些消费者购买产品之后，因为对产品性能与结构没有充分的了解，在使用与保养上常常也会出现问题。而通过广告对产品知识的讲述，能够指导消费者使用以及保养，从而能进一步延长产品的使用寿命。

1. 激发消费者现实的需求

广告通常是以情感诉说的方式来打动消费者的购买心理，从而可以很好地引起消费者在情绪和思想情感层面产生共鸣，在好感的基础上进一步产生对商品或者品牌的信赖感，进而能够最大限度地激发消费者的需要。例如，著名的品牌宝洁旗下生产了SK-Ⅱ护肤品，其广告语——“肌肤年轻12年”，这个广告让很多消费者考虑的已不只是生产线上的化合物组成的化妆品，更多的则是产品给消费者带来的美好形象。

当广告对品牌做出的评价在很大程度上代表的是消费者的心声时，广告品牌所起到的传播作用才可以被广大消费者认同与接受。例如，广告品牌商会邀请消费者比较喜爱或者推崇的名人做代言，以此来激发消费者现实的需求，产生更为显著的销售效果。

2. 激发消费者的潜在需求

消费者除了具有一些现实的需求之外，还具有很大的潜在需求，即潜伏在消费者心理与社会关系之中、消费者本身还没有充分认知到的这部分需求。

潜在需求变成现实需求，既可以由消费者的生理上或心理上的内在刺激引起，也可以由外在刺激物引起。广告作为一种外在刺激诱因，其任务就在于把握消费者的深层心理，并根据消费心理和行为特征，展示与其潜在消费需求相符的商品和服务，使广告能通过情感的诉求唤起消费者的共鸣，激发其购买欲望，并付诸购买行动。

一个富有远见的企业往往会让自己的产品牢牢占据市场，不可以只是满足于消费者现在的需要，还一定会发现消费者潜在的需要。20世纪80年代曾经在亚太市场风靡的变形金刚系列玩具，就是一个让潜在市场需求变为现实需求的成功案例。

3. 创造全新的消费需求

广告常常以一种相同的方式，给消费者多次一样的内容，它通过大力地渲染消费或者购买商品以后产生的效果，充分利用大众的流行心理机制创造一种比较轰动的效应，进而产生比较明显的示范作用，指导人们进一步购买和消费的行为。在指导购买的这一过程之中，广告也会告知消费者产品的用途、使用方法、售后服务等很多内容，以便打消顾客的疑虑，激发更多的消费者积极参与到购买行为中来。

根据创造市场的基本营销观念，广告逐渐能够改变以往只向市场诉求认知的方式，而更多地采用一种比较积极的引导与创造需求方式，让广告不但可以很好地迎合消费需求，还可以创造出消费者全新的需求意识，并且以一种全新的需求意识打开更大的消费市场。创造新的需要一个最主要的诱因就是新的消费观念与消费方式的形成与最终确立，借助观念定位型的广告，通过发挥广告的教育功能进一步实现其目的。例如，现在很多人在使用柔顺剂，金纺便利用广大消费者对这一方面的需求，宣传柔顺剂可除织物表面静电，恢复织物原有的弹性与柔软性，色彩也可艳丽如初，以此引导消费者选用其产品（图 1-6）。

一个有效的广告能够唤起人们的注意，牢牢地抓住消费者的眼球。通过光、色、形、声等形式的信号刺激，让人们对广告内容有深刻的感受，并形成对该商品的强烈兴趣。

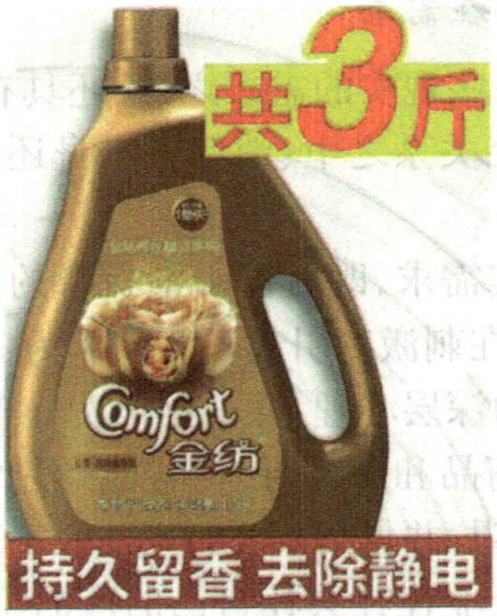

图 1-6　金纺柔顺剂广告

第四节　AIDMA 法则与 CDP 模型

一、AIDMA 法则

广告的 AIDMA 法则比较全面、清晰地描述出一个成功的广告在打动公众时所需要具备的不同心理条件。AIDMA 是注意（Attention）、兴趣（Interest）、欲望（Desire）、记忆（Memory）和行动（Action）这五个英文单词首位字母的缩写，指的是广告作用于消费者的心理历程：首先引起人的注意，接着对广告的注意引发了积极的兴趣，随后又产生了占有广告产品的愿望，此后在内心世界牢牢地记住了广告产品的名称，最后导致消费者产生购买的行动，即"引起注意—产生兴趣—激发欲望—强化记忆—促使行动"五个环节（图 1-7），又称之为"广告五字经"。

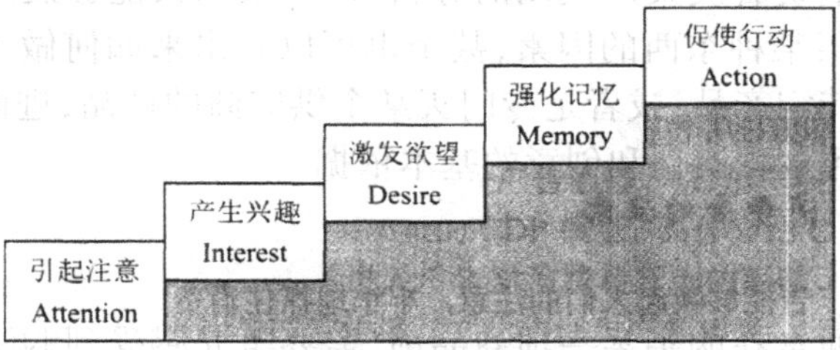

图 1-7　AIDMA 法则的五个环节

当然，消费者实际的心理过程远非如此。消费者当然不会老老实实地按照广告策划者或推销商所设计的上述路线走，而是具有自己的主观能动性。然而，AIDMA 法则为广告策划与创意提供了一个重要的心理参考依据。

二、消费者购买决策的 CDP 模型

广告策划主要是针对消费者的策划，因此，有效的广告策划首先应该研究消费行为的规律。

如图 1-8 所示，这是一个消费者的决策过程模型（Consumer Decision Process Model，CDP 模型），这属于一个比较简单的版本，它主要描述的是一个消费者头脑之中所形成的购买决策核心路径。它不但能够指导市场经营者怎样去制定产品的市场组合、沟通、销售策略，更能够成为广告策划人去深入了解不同的消费者行为的指南。

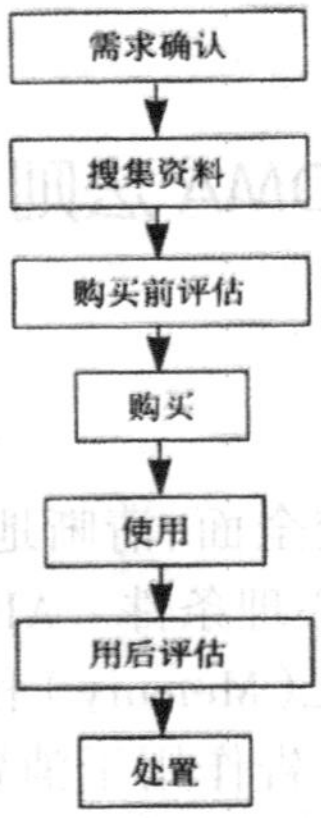

图 1-8　消费者决策过程模型

就如同 CDP 模型中描述的那样，消费者的决策过程有七个关键的步骤：需求确认、搜集资料、购买前评估、购买、使用、用后评估以及处置。

通过对消费者决策形成图的分析，广告策划人能够发现消费者为什么买或者不买某种东西的因素，甚至也可以看出来如何做才可以让他们购买更多的特定产品，或者是专门买某个供应商的产品，进而可以给这个特定产品找到广告策划和创意的基本依据。

（一）需求确认

消费者通常在购买某一项商品前，需要事先感受到购买该项商品的基本需要。如天气炎热往往都能够感到购买空调机比较重要，天气冷了会感受到购置棉衣的需求。有时，人们并不是在直接的需求利益驱动之下购买商品的。在很多场合中，通常是因为某种外界的刺激（如广告）而引发了人们的需要。但是，在现实生活中，我们一定要在一个可以确定的范围（包括有消费者的购买能力和权力）内对这些需求进行考察。当我们设法满足一些消费者的实际需要时，一定要让自己的产品制造成本与目标市场的购买能力保持一致。这是因为，虽然有很多的需求，但消费者通常会牺牲一部分的需求而购买自己必备且购买得起的商品。

（二）搜集资料

需求一旦被正式确认了以后，消费者就能够开始搜集可以满足自身需求的产品相关资料。从前不曾注意到的一些广告、新闻等，忽然在这个时候就变得富有意义了，消费者会向周围的邻居或者朋友询问和这项商品有关的信息。这一类资料的搜集可以是内部搜集，也就是从记忆中或者从事物的起源中来寻找；也可以是从外部进行搜集，就是从家庭、邻居、同事或者市场中进行搜集。

搜集资料的广度与深度通常是由诸如个性、社会、阶层、收入、购买量、过去的经验、对之前品牌的理解、顾客满意度等多种因素所决定的。如果顾客对当前所使用的产品品牌感到比较满意，他们可能会不经过搜集信息这一个过程，也能够做出重新购买的决定。这样，其他的同类产品就非常难以引起他们的购买意图。

1. 消费者的资料来源

消费者会从各个令他们感到方便的渠道来搜集产品的信息。这些渠道可以归类为市场导向的和非市场导向的。所谓市场导向，就是指由市场经营者主导的，任何过程和结果都是由产品的供应商为了向消费者传达信息和说服他们购买而做出的，如利用广告、促销人员、通告栏、网址和销售点材料等。

资料来源通常并不仅仅局限在市场导向方面，还有一些是不为市场经营者所主导的。从不受市场控制的地方搜集而来的资料，对于消费者而言也是非常重要的。非市场导向的资源包括朋友、家庭、领导的意见和相关的媒体等。

2. 消费者信息处理

当一个消费者通过外部对资料进行搜集之后，他（她）就开始处理这方面的信息，图 1-9 进一步突出了信息处理过程所涉及的步骤，主要包括下列几个方面。

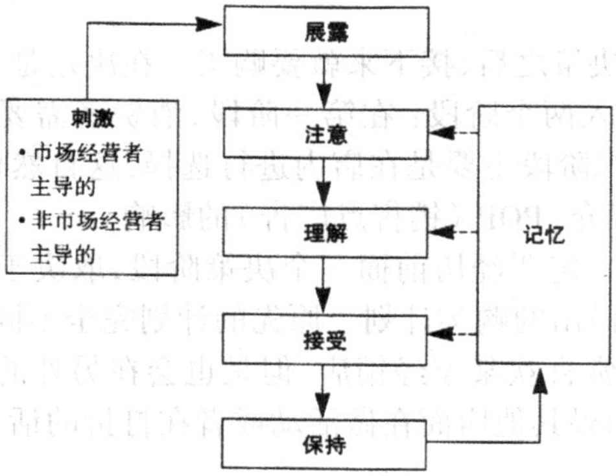

图 1-9　消费者信息处理

（1）展露。产品信息和销售服务一定要保证能够到达客户，随后主要是激发消费的潜意识，进而就开始了消费决策过程的重要起始阶段。

（2）注意。经过展露的阶段，下一步通常需要充分考虑是否给现在的信息分配处理的能力。和产品有关的信息和内容越多，越能更进一步引起人们的注意。

（3）理解。当相关的产品信息吸引广大消费者的购买意图时，这种信息就能够被进一步分类，并且会储存在自己的记忆之中。经营者期望着消费者可以准确地理解相关产品的信息。

（4）接受。消费者在充分理解了产品的相关信息以后，要么会去接受这一产品，要么会选择放弃产品。产品信息的目标主要是需要更正或者更改产品在人们心中的现有形象。但是，在这之前，这种信息一定会被接受，或者至少存在一些机会使广大消费者购买这一产品。

（5）保持。说服者一个最为重要的目的，就是能够使新的产品信息被更多的消费者所接受，并且会储存于自己的记忆之中，以方便消费者未来的购买需求。

（三）购买前评估

消费者决策的下一步就是在搜集资料过程中做出选择性评估。这个阶段在对各种各样产品、服务的比较、对比、挑选中，消费者会考虑这样的问题："我的选择对象是什么？""哪一个是最好的？"等。消费者首先会在他们认为极为重要的产品特性方面比较各个品牌的商品，然后缩小选择范围，最后做出购买决策。

消费者可以充分利用新的或者已经存在于自身记忆之中的评估标准去选择相关的产品、服务、商标或者最可以满足优良购物和消费需求的商店。

（四）购买

消费者做出决策之后，接下来就要购买。在决定是否需要购买之后，消费者必定会进入两个阶段：在第一阶段，消费者需要从很多的零售商中选择一个；第二阶段主要是在店内进行选择，这自然也会受销售人员、产品陈列、电子媒介、POP（销售点广告）的影响。

消费者是否一定要经历前面三个决策阶段，取决于其对相关的某件产品或者品牌所做出的购买计划。原先的计划完全不同的购买决策。虽然一个消费者非常喜欢某家经销店，但是也会在另外的一家经销店中购买相应的商品，如果其他店面在做活动或者在打折的话，都会影响到消费者的购买行为。

（五）使用

当购买行为完成之后，消费者会拥有这个产品，使用这个产品的过程会随之出现，这也就进入了产品的使用阶段。买了产品之后，可以立即使用，也可能延迟使用。例如，一个消费者在促销活动中，很有可能去购买比平时更多的产品，以便可以囤积起来备用。消费者如何使用产品，也会影响到他们对这些产品或者品牌的满意度以及之后的购买决策。产品的使用与维修情况也会对产品的使用寿命产生极大的影响。

（六）用后评估

消费者决策的下一个阶段就是用后评估。在此阶段，消费者会体验到对产品的满意或不满意的心理反应。当产品达到他们的预期要求时，就会满意该产品；相反，产品不能达到预期效果时，就会感到不满意。使用的满意程度具有非常重要的意义。因为，消费者会把此结果储存在记忆中，为以后的购买决策做参考。而消费者对某种牌子的产品或商店不满意时，其他牌子的同类产品也许因为承诺可以做得更好，就有机会进入消费者的购买决策，进而替代消费者原来使用的品牌。

（七）处置

处置是消费者决策过程模型的最后一个阶段。消费者有好几种选择，可以将其完全丢弃、回收利用或者是低价转让。

经过上面的详细分析，至此我们可以得到一个较为完整的CDP模型(图1–10)。

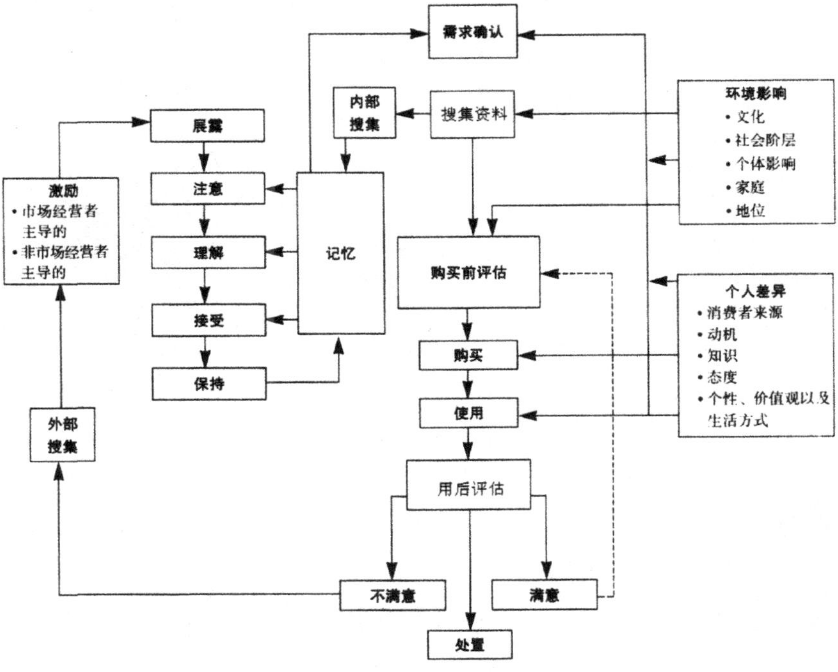

图 1–10 较为完整的 CDP 模型

这个 CDP 模型显示了人们是如何通过购买和使用各种各样的产品来解决自己在日常生活中的需求及存在的问题的。借助该模型，我们就可以深入考察消费者行为与决策的各个阶段，以便得出广告是如何对他们产生影响的。

第二章 广告人与广告作品的心理研究

广告人是社会发展进程中出现的一类重要参与群体，也是社会分化构成中产生的重要结果，作为广告从业者，应该具备和工作职位相适应的技能与角色。因此，在广告创意和制作过程中，需要充分把握住消费者和广告人之间的关系以及心理特点，以客户满意为广告服务业的基本准则。基于此，本章主要论述的是广告人与广告作品的心理研究，主要包括广告人的心理素质、广告作品的心理效应两个部分。

第一节 广告人的心理素质

通常情况下，投资需要达到一定的目的，并且期望产生商业回报的资金投入，如机器、厂房、生产设施等都会被看作投资，其价值是随存在的时间延长而被根据一定的比例进行折旧的。

随着现代的广告观念逐渐地形成与发展，已经出现了越来越多的人将广告活动看作企业投资的行为。因此企业往往会在广告上加以投资，并要求这样的活动可以为人们带来最大的收益，即投资回报。

一、广告从业者的心理

（一）广告从业者的能力素质

1. 说服能力

广告本身就需要有沟通和说服能力的功能，广告不仅是传递信息、和消费者沟通的重要过程，也是对消费者加以说服的过程。广告从业者都应成为沟通大师，要比任何一个人都知道“对谁说”“说什么”“怎么说”才可以很好地打动对方。

2. 采集信息与处理能力

广告都是通过信息传递的，传递的基础往往是对信息进行大量采集。从整个社会的宏观大环境信息到具体的市场运行基本信息；从客户自身的信息到竞争对手的信息；从产品信息到使用产品的不同消费者的信息，等等。只有在大量收集与充分研究有关信息的前提下，才可以最后凝结为广告信息。同时，对从不同的渠道、媒体所获取的信息还一定要进行筛选、分类、重组、存储等，让信息转化为资源，进而能够创造出更大的价值。

3. 表达能力

表达能力一般包括两个大的部分，即文字表达与口头表达。能说会写属于广告人的基本功。在和客户、消费者进行沟通的过程中，良好的口头表达能力，可以很好地吸引人、打动人、说服人。一个好的创意一旦表达得不太清楚，就失去了自己的说服力。同样的，广告人往往也存在非常多的案头工作，除了写文案，同样也有调查、策划文本等活动，都需要广告人具有非常强的文字表达能力。

4. 良好的心理与体力

广告业是一个充满了变化和压力的行业，工作过程之中往往也会充满挫折和失败、疲惫和劳累。需要从业者具有比较旺盛的精力以及非常好的心理承受能力，在沮丧挫折之余，可以做到卷土重来。广告从业者通常需要比较充沛的活力，在困难来临的时候，不惧怕任何困难，要有一种不达目的决不罢休的毅力和气概。

美国前总统罗斯福曾经说过："不做总统，就做广告人。"当我们置身在广告之中时，就可以感受一切，和创意人员共事也会很好地刺激灵感；层出不穷的问题也都富有挑战性；形成的创意作品也会使人感到满意。当广告确实已经发挥出了自身的功效后，往往能让人形成一定的获得感。所以，做广告人尽管非常艰难辛苦，但是也会使人乐在其中。

5. 观察与直觉能力

广告人的观察和直觉能力是韦伯·扬大力推崇与主张的一种能力。观察也是人们有计划、有目的、有步骤的知觉。任何一个正确的判断与断定，都是以人们细致且有效的观察分析作为主要前提条件的。直觉也是判断能力中的一种，直觉能力是基于潜在的直觉做出判断的能力。

（二）广告从业者的性格

1. 信守承诺

创意除非卖了出去，不然是不会产生价值的。那些在广告界已经取得了一定成就的人，并不仅仅是将创意提出来而已，他们还需要勇往直前、努力不懈地在每一个阶段进行奋斗，直到创意得以具体地呈现。如果他们认为是一件比较重要的事，绝对是不会轻言放弃的。

2. 追根究底

研究市场与个人的案例。观察哪一个更为有效、哪一个则是无效的，并且要充分发掘其中存在的原理。探索对于未来产生冲击力的市场发展趋势，尝试寻找一个全新的广告模式，建立起来新的原则。当一名广告的好学生，持续不断地学习和进步。

3. 雄心勃勃

有一个大胆追求超出当前实力的雄心。这种追求在方向上的近期愿景与现实中的自己往往会形成一种典型的“创造性张力”，从而能够形成促使行动的渴望，创造性地进行广告设计与赏识雄心带来的成果。

4. 拥有热情

热情并不总是能够取得成功的最佳因素，但是它属于获取成功的重要基础之一。热情属于一种精神因素，克劳德·霍普金斯说：“好的事情很大程度上是精神作用的结果”，它为人们大胆的追求提供了一种典型的精神支撑。通常包括为了达到心中目标和最大成功而不得不牺牲一些对最喜爱的东西的拥有愿望。

5. 良好心态

不但需要大胆地追求成功，还需要充分享受到达成功的过程。如果年轻人可以很好地认识到他一生的工作都属于自己能够做的最有趣味的事，那往往是十分有意义的，并且这种意义通常是永存的。一个良好的心态，可以让广告创作者在任何时候都不放弃对自身成功的追求。

6. 勤奋工作

仅仅是有一个良好的愿望与精神支撑仍然是远远不够的，重要的是需要辛勤地付出。霍普金斯把自己的成功之道归因为他要比其他的撰稿人工作时长两倍，所以才能在速度上比其他撰稿人快两倍，他从来没有在午夜之前离开自己的办公室，由于星期日不受他人的影响，他非常喜欢在周末工作，因为他始终相信："辛勤工作绝不会置人于死地。"

7. 创新精神

求新和创新，是广告创意的生命所在。广告终极的目标就是进行销售，创新是引起广大消费者的注意，并且最终可能产生购买行为的条件。创新精神应该贯穿于整个广告创作的始终。它主要表现为两个方面的内容：一是要具有比较灵敏的头脑，善于从多个方面去收集信息，善于从多个角度来思考问题，善于抓住产品的独特之处，充分运用丰富想象力，发掘出产品所蕴含的戏剧性特点；二是需要敢于打破保守的观念，放弃平衡，有一种勇敢地进行创新的魄力与勇气。

（三）广告从业者的气质

美国广告协会总裁弗罗斯曾说："广告事业是将平生的时光花在有趣活动上的挑战性工作，而且对我们的社会能产生动态的结果——唯有少数人能达成这种愿景。"

1. 艺术气质

广告人需要具有比较高的审美能力。广告表现通常需要符合审美情趣的基本要求，广告活动之中存在的立意和形式也需要充分符合审美的基本规范。广告人在对广告的活动创新过程之中，一定要从美的角度进行审慎、分析、检测和评估广告表现是否给全社会一些比较广泛的受众以美感。

2. 商业气质

广告在本质上属于一种经济活动，它作为一种比较重要的营销手段，旨在为广告主推介自己的商品与服务信息，去刺激、影响消费者，劝导后者一定要采取消费的基本行为，购买他们的商品以及享用他们的服务。

对于广告主来说，广告最为重要的一个作用是大力进行销售；对于广告从业者来说，广告的一个最大作用就是充分发挥销售的促进作用，这样才可以代表他们的智慧所创造出来的价值，进而为他们赢得更高的商业价值。

（四）广告从业者的心理调适

广告在创作方面通常是比较艰苦的、孤独的，大卫·奥格威曾经说道："最成功的事业，往往是建立在这种孤军奋战、披荆斩棘的突然事件上。"这种孤军奋战的结果并非每一次都能得到承认，换来成功，而是主要以这种努力作为铺垫的，在一些重大时机产生时可以识别它、抓住它。行业的要求往往也会对创作者的心理产生剧烈的冲击。

广告人只有具备了知难而进、追求成功的心理素质，才可以在事业上获得辉煌；而那些软弱、无自信，见困难就畏缩不前、意志薄弱、情绪波动大的人，会永远和成功没有任何关系。广告人的主要工作始终处在一种紧迫感与危机感之中。在竞争比较激烈的环境之中去寻找客户，往往是颇费周折的；当找到了客户，客户的挑剔也会更使人变得“小心翼翼”。

作为极大程度上决定了现代广告效果的文案人，“他一定要伺候两个主人：他自己和付钱给他的这个世界”。商场就如同战场，竞争和厮杀都是比较残酷的，广告人所面对的就是战场的前沿阵地，一不留神，极小的失误甚至会产生重大的失败。拉紧心弦，应对紧迫感与危机感也属于心理素质又一个重要的方面。

（五）广告传媒人的心理

目前，我国传媒的经济来源主要还是依赖于广告收入，因此传媒在核心竞争力方面的经营与管理、传媒受众市场的开发与维系，以及传媒广告经营的手段等对其广告收入有很大的影响。

1. 传媒核心竞争力形成

1990 年美国企业战略管理专家普拉哈拉德和哈默尔在《哈佛商业评论》上首次提出“核心竞争力”，这一观点一经提出，就得到学术界和企业界的广泛认可。核心竞争力，是指企业组织中的累积性知识，特别是关于如何协调不同的生产技能和整合多种技术的知识，并据此获得超越其他竞争对手的独特能力。

简言之，核心竞争力就是对本企业价值巨大，能够使企业做得最好，而其他企业难以模仿和学到的、独特的、稀缺的优势。传媒的核心竞争力，是指该传媒在经营和发展中胜过竞争对手的核心资源和能力的总称，就是人无我有、人有我优的东西。具体地说，它是该传媒以其主体业务为核心形成的能够赢得受众、占领市场、获得最佳经济和社会效益，并在众多传媒中保持独特竞争优势的资源和能力。

2. 增强传媒核心竞争力的方法

（1）明确内容定位，打造强势品牌。
（2）确定受众定位，开发细分市场。
（3）培育杰出的传媒人才队伍。

二、广告从业者的创意心理

（一）广告创意定位

广告定位属于现代广告理论与实践过程中非常重要的一种观念，这也是广告主和广告公司基于社会既定的群体对某种产品属性做出的重视程度，将自身的广告产品确定在某一个市场位置之中，使其可以在特定的时间、地点中，对某一个阶层的目标消费者加以销售，以利于和其他的厂家产品形成竞争力。它的直接目的是要在广告的宣传过程中，为企业与产品树立起来一个较为独特的市场形象，进而能够满足目标消费者在某种需要与偏爱方面的形象，从而进一步促进企业产品的销售服务。

为了让广大消费者在心中树立起来某一品牌“第一”或者比较独特的概念形象，使广大消费者可以真正认识到产品在市场之中所处的独特位置，在进行产品的定位时，存在非常多的策略。

1. 强势定位

强势定位是指在市场上以“领导者”的角色出现的，采取一种“高高在上”与“咄咄逼人”的姿态面对市场与竞争者，以显示优势与强势来尽可能地争取消费者信任，取得实力的认同。这种形式主要适用于成就比较大、实力非常雄厚的企业。

2. 跟进定位

位于劣势的二三流产品一般采取一种依附式、防守性的策略。通过模仿或者跟进一流企业，达到以较少投入来获得比较大的传播效果的定位方法。

3. 避让定位

一些相对弱势的企业，为了避免和一些强势的企业出现正面的交锋，而采取回避正面焦点、寻求开发一些侧面的新领地等迂回式竞争方式，这也是非常有效的变被动为主动的策略。

4. 逆向定位

以守为攻进行定位的方式。以反向的思维方式找出自身比较富有优势的特点，争取到市场的主动性。例如，海尔面对洗衣机产品向高档化、大而全方向发展的比较激烈的竞争现状，以及夏天人们往往都不愿意用洗衣机这一传统的习惯，独树一帜，开发出了针对夏季可以进行单件衬衣洗涤的迷你型“小小神童”洗衣机，同时打出了广告语的“飞进美满家庭”，传达出产品的小巧玲珑这一特征。

5. 进攻性定位

抓住竞争对手的弱势、缺点做出比较全方位的进攻，削弱竞争对手的影响力、动摇其地位，转变消费者的看法，为自家企业争取市场的主动。例如，针对海尔引以为自豪的“不一定要拥有博士，但要拥有博士研究成果”的经营哲学，同一城市的竞争对手海信则抓住了这一点，以“拥有42个博士”为自身强烈的针对性广告主题，和海尔产生了进攻性定位的竞争。

（二）优秀广告创意灵感的获得

1. 广告创意的内涵

创意，在英语中通常是以“Creative、Creativity、Ideas”来表示的，是创作、创制的意思，有时也用“Production”来表示。

20世纪60年代，在西方国家开始出现了“大创意”（The Big Creative Idea）的概念，而且在西方国家迅速流行开来。广告创意属于广告人对于广告创作对象所作的一个创造性的思维活动，也是通过想象、组合以及创造，对广告的主题、内容以及表现形式等所进行的观念性、新颖性的文化构思，创造新的意念或者系统，使广告对象的潜在现实属性得以升华成社会公众可以感受到的具象。

2. 广告创意的产生过程

詹姆斯·韦伯·扬曾经在《产生创意的方法》一书中提到了完整产生创意的方法与过程，他的思想在中国广告界非常流行。产生的创意过程如下。

（1）收集原始资料。一方面是眼前问题所需的一些资料，另一方面主要是平时积累储蓄的普通知识资料。

（2）仔细对这些材料进行检查。

（3）进行深思熟虑的阶段，会让很多比较重要的事物在有意识的心智外做综合性的工作。

（4）实际产生创意。Eureka!Eureka就是遇有新发现时胜利的欢呼，据传是阿基米德发现测量王冠的含金量方法时所发出的欢呼。

针对第（1）步和第（4）步存在的关系来看，收集资料主要是创意形成的基础。创意的产生，主要是要经过足够的前期积累，这种积累越丰富，思维的碰撞所产生的火花也就越多，创意产生的机会也就会越大，这种积累对于个人而言就是一项与时俱进的工作。要求：①对世上的问题都应抱着一种兴趣；②广泛浏览各门学科之中所包含的资讯。

当一个创意小组面对某个广告课题的时候，短期内的定向积累是不可缺少的。一旦深入而广泛地研究了产品和其消费者以后，基本上都可以发现在每种产品和某种消费者间存有各种相关联的特性，这些相关联的特性往往能够导致创意的出现。

（三）优秀广告创意的特点

1. 新颖独特

新颖独特是指在进行广告创意的时候不要模仿其他的广告进行创意，人云亦云往往会给人一种雷同和平庸的感觉。只有在创意上做出比较新颖独特的作品，才可以在海量的广告创意中一枝独秀、鹤立鸡群，进而能够形成感召力与影响力。

2. 情趣生动

广告创意需要把消费者带到一个印象比较深刻、浮想联翩、妙趣横生的境界中去，要做到这些，就需要采用情趣比较生动的多种表现手段，立足于现实、体现现实，以此来引发消费者的共鸣。但广告创意在艺术处理方面一定要有严格限制，不能太过偏离真实情况。

3. 形象化

广告创意需要基于一定的事实，集中凝练出主题思想和广告语，而且还需要从表象、意念以及联想之中获取一定的创造素材，形象化的妙语、诗歌、音乐以及富有典型感染力的图画、摄影融会贯通，构成了一幅比较完善的广告作品。

4. 原创性、相关性与震撼性

所谓原创性通常是指创意所产生的不可替代性，它往往属于旧有元素的新组合。相关性主要是指广告产品和广告创意之间存在的内在联系，是既在意料之外，又处于情理之中的会意。

广告创意一定要比较巧妙地将产品的原创性、相关性以及震撼性融作一体，才可以成为一个十分深刻、富有感染力的广告作品。

5. 艺术性

广告创意中的艺术大多是实用艺术类，属于现代设计的基本范畴。

它并非一种纯艺术。广告艺术创作和表现通常是为了尽快推动商品的销售,为企业组织带来最大的利润。它同时是上层建筑的重要组成部分。这也是现代广告创意过程中既要追求广告的艺术性,又不能追求纯粹艺术的重要原因。

总之,广告创意作为一种典型的文化整合,不仅仅需要着眼于经济效益,还需要着眼于社会效益,而且需要不可避免地承担相应的社会责任。

第二节 广告作品的心理效应

一、广告诉求的心理

(一)两种基本的广告诉求形式

1. 广告的理性诉求

理性诉求通常指的是把相关品牌或者产品信息呈现给广大消费者,以期望能够达到或者说服他们接受产品与品牌的目的的一种广告诉求方法。采用一种比较理性的诉求广告,实际上就是“信息性广告”。只需要包含一条以上的信息内容广告,就属于信息性的广告。根据相关的统计可知,电视中这类广告的占比达到了49.2%之多。

2. 广告的情感诉求

和理性诉求相对应的一种诉求就是情感诉求。所谓的情感诉求,主要是指通过激发消费者内心的思想情感,从而能够达到广告说服的直接目的的一种广告诉求方法。情感诉求所存在的关键就是想方设法充分利用广告要素来激发受众的情绪、情感。

(二)广告与商品有关的因素

1. 商品周期与同质化

对处在引进期与成长期的产品而言,消费者往往会对其比较陌生,这时需要通过一些理性诉求的手段使广大消费者了解产品的性能、质量、价格等一些消费者普遍关心的信息,才可能让广大消费者将这个品牌纳入日常消费的决策之中去考虑,这时使用情感诉求手段或许会让消费者不知所云。除此之外,产品在同质化的程度比较低时,不同的品牌产品往往会在质量、性能、价格等多个方面存在较大的差异，所以，厂商需要通过理性的诉求手段，选择消费者比较关注且自身的品牌又占有比较明显优势的特征，作为自己的独特卖点进行传播。

当产品出现同质化的程度比较高时，不同的品牌产品往往会在质量、技术、性能、价格等多个方面没有太大的差别，在广告中传播这类信息往往也是很难让消费者对自身品牌钟情的。这时，通过情感诉求的方式，为自己品牌塑造出一个比较鲜明、独特的形象，进而能够吸引具有相同个性的消费者成为一种比较明智的选择。

2. 购买风险水平

消费者在购买商品的时候通常都需要面临一定的购买风险，但不同类别的商品给广大消费者带来的购买风险程度不同。通常而言，价格比较低、经常购买、制造技术相对较成熟的商品，给广大消费者带来的购买风险比较低；相反，对那些价格比较昂贵、偶尔购买和新开发的商品而言，消费者在购买时常常会面临较多不确定，他们会多方面去收集相关的信息，仔细进行权衡以后才可以做出购买的决策。所以，前一种商品往往会采用情感诉求的手段；在给后类商品做广告的时候，应该通过理性的诉求手段如实向消费者介绍商品特性，以便消除消费者的潜在疑虑。

3. 商品吸引力

商品在陈列场合能否引人注目，同样是影响消费者购买决策的一个十分重要的因素。对那些比较容易引起他人注意的商品而言，消费者更需要注重其社会与心理价值；而对于那些不太引人注目的商品而言，消费者更加注重的是其实用性价值。所以，对前一类商品在制作广告的时候，情感诉求一般比较合适，而对于后一类商品而言，理性诉求的广告产生的说服力则更好。

二、广告诉求心理策略

（一）理性诉求心理策略

从心理学的角度来看，理性诉求广告想要达到预期的效果，一定要遵循以下策略。

1. 提供购买理由

理性购买者一般情况下需要找到一些相对合理的理由，才可以做出购买的决定。所以，广告一定要将合情合理的购买理由很好地提供给广大消费者。例如，普通工薪者要到高级饭店吃饭的时候，往往会借着某人的生日或者其他的理由才行，让自己的奢侈变得心安理得。再如，中国人向来比较节俭，而雅戈尔西服作为中国打造出来的一款名牌西服，其价格是普通西服价格的几倍，普通的工薪阶层向往名牌，但是假如要他们花高价购买一件西装又有些不舍得。雅戈尔针对消费者的这一心理，适时地提出了"男人应该享受"的宣传主题，让想买又不舍得购买的人有了一个比较恰当的理由。

2. 拟定说服的重点

文字广告的内容不可能太长，形象广告所呈现出来的时间往往也是非常短的。除了费用的因素之外，消费者也不可能花费太多的时间和精力来研究某则广告。所以，不管是从哪一个角度观察，都有必要去拟定一个非常明确的说服重点。重点的确定是不可随意的，也不可以是一厢情愿的。它往往是处在几个重要因素交汇点位置，而且是这几个因素之间的有机交融。

总而言之，一则广告如果不能具备这几方面的因素或者这几方面的因素处在一种分离的状态，那么这则广告就是失败的，而如果这几方面的因素同时出现且聚集于同一焦点上的时候，广告必定会产生一种震撼人心的说服力。

3. 论据更重要

论据通常要比论点和论证更加重要，不可否认的一点是，消费者对厂商通常有一种天然的怀疑和抗拒心理。所以，厂商在说辞方面如何动人、有道理，消费者也不一定真正相信。消费者更想看到也更加愿意相信的往往是强有力的论据。有鉴于此，在理性诉求的广告中，提供论据要比漂亮的说辞更重要，也更省力。

4. 运用双向信息交流，增加可信度

在说服的过程之中，特别是在带有非常浓厚的商业性色彩广告宣传之中，可信度一直是困扰说服者重要的问题。明明自己绝无假话虚言，可消费者就是不相信或者半信半疑。怎么解决这个矛盾呢？一种可行的方式就是提供双向信息，即在大力彰扬产品优点的同时，说出产品的某些不足之处。

（二）情感广告诉求心理策略

1. 以充满情感的语言、形象等吸引消费者

产品如果要想满足现在消费者的某类物质需要或是情感方面的需求，广告制作者一定要从消费者本人的利益出发，并且抓住消费者需求的兴奋点。消费者的需求也会决定其思想情感的心理活动方向与结果，并且消费者的需求都是情绪、情感形成的直接基础，客观刺激一定要以消费者的需求作为中介才可以充分发挥出自身的决定作用。一旦触发了其需求的兴奋点，其情绪一定会非常高涨，且情绪高涨必定会促使满足需要的行为更快、更强烈地产生。

2. 增加产品的心理附加值

作为物质形态的产品，本来并不具备心理附加值的功能，但通过适当的广告宣传，这种心理附加值便会油然而生。美国广告学者指出："广告本身常能以其独特的功能，成为另一种附加值。

因此，产品质量是基础，附加值是超值，多为精神上的需要，消费者更乐意购买超值的产品。因为购买这类产品可得到双份满足——物质上的满足与精神上的满足。在进行购买抉择时，"心理天平"势必向这类产品倾斜。如"派克钢笔"是身份的象征，"金利来"是成功男人的象征（图 2-1），等等。

3. 利用晕轮效应

晕轮效应属于现代社会心理学中的概念，主要指的是一个人一旦被认为具有某种优点，通常会被视作具有其他很多的优点。假如公众认为某些运动员在运动场上是十分杰出的，通常会赋予该运动员很多本不属于运动方面的专长。这在心理学层面上则被称作"自居作用"，如有非常多的人因为喜欢刘若英知性之美而选择她代言的达芙妮鞋（图 2-2），有的人因为自己非常喜欢成龙在影视中所塑造出来的忠厚、值得信任的形象而选择了他代言的洗发水，等等。还有一种晕轮效应是产品自身产生的，即如果产品的某种优点被公众接受了，那么它也易被公众认为具有另一些优点。如一些产品连续多年销量第一，公众对此易于接受，因此他们自然会认为这些产品质量好、服务好、造型美观等。

图 2-1 “金利来”标志

图 2-2 达芙妮鞋广告

4. 利用暗示，倡导流行

有些产品属于永久性的使用品，并不存在流行与否的说法，但是如果人们购买的多了，也就变成了当时流行的产品。而且产品的购买者并非就是使用者，很多产品被用于馈赠亲朋好友。消费者并非是孤立存在的，他们在社会交往过程中通常是相互作用的，建立起了亲情、友情关系，为了能够表达出他们的心情，他们往往会相互用礼品送健康、温暖等。如雅士利正味麦片诉求的就是母亲对子女的爱，脑白金的诉求则是亲情、师生情，旺旺食品的诉求是家庭和睦与对财旺、气旺、身体旺的愿望（图 2-3）。上述各类产品自然就成为表达消费者心愿的时尚消费品。

图 2-3　旺旺食品的广告

5. 合理引发受众内疚心理

虚拟内疚（Virtual Guilt）主要是指虽然人们事实上并未做出伤害他人的事情，但是如果他们认为自己做了错事或者和他人所受到的伤害存在间接的联系，也会因此而感到内疚和自责。它往往属于一种基于移情理论层面上的人际内疚理论。这种当事人所虚拟出来的“错误”形成的内疚，在亲情广告中也会有很好的体现，特别是内疚心理所引发的情绪。我们经常能够在亲情广告中看到童年的回忆，这种回忆的题材选择需要一定的讲究，常常选择大多数人有过的回忆，以便引发亲情上的共鸣，再现一种以往的亲情体验，从而引起广大目标受众的浓厚兴趣和购买欲望。

三、广告制作的心理

（一）符合广告心理学原则

广告的宣传主要是针对潜在目标消费群体进行的，所谓对象就是目标消费群体应该明确，要细分好市场。不同子市场中的消费群体心理特征也是各具特色的，广告的制作一定要充分考虑到目标群体的主要特征，广告设计制作也一定要符合广告心理学的基本原则，符合产品的特性，明确消费群体的利益诉求点，让广告引发广告受众的注意。

1. 对象突出

通常来说，广告宣传的主要目的在于刺激消费者，引导消费者购买商品。每一类商品都有与之相对应的消费群体，如化妆品，其消费者以女性为主，而书包的消费者重点是学生。确定广告诉求的策略时，明确诉求的对象重点是解决诉求的目标公众问题，即说服什么样的消费者。

2. 避免误解

所谓避免误解，主要是指广告在表达方面需要做到准确无误，不能出现歧义。一般的广告制作歧义多源于不同文化背景或是对事物理解的不同角度导致的文化大冲撞。

3. 表达精确

广告制作需要注意表达精确，所谓表达精确，重点是指两方面，一是广告的定位要准确，二是广告的内容要准确地表达主题。

广告通常是用来宣传产品的，在广告的宣传过程中，产品会以何种地位出现，以哪一种形象呈现出来，或者广告需要突出宣传产品哪一个方面，哪种特点等，都关系到产品会给人们留下哪一种印象。如果对这一点没有准确地把握住，再好的产品都难以被消费者真正认识并且接受。因为产品本身包含很多复杂要素，所以要在广告之中准确地把握产品的地位关系以及其形象特色属于一项非常复杂的工作，需要精心地策划，制定出良好的表现策略。

品牌定位的策略需要依靠广告的传播才可以取得成功。采取比较鲜明的定位策略的品牌，要把“定位”当作广告长期坚持的诉求重点。创作广告的时候需要准确了解品牌的定位，之后则明确传达出有关定位的信息。

（二）应避免的心理学误区

1. 避免千人一面

随着现代商品社会的快速发展，企业间的竞争也日益激烈，要想在激烈的竞争过程中站稳，一个最有效的办法就是对广告进行大量的宣传，进一步扩大自己的影响，构建起自己的消费群体。

要想让广告在制作方面达到一个比较好的效果，就需要注意避免出现雷同的现象，也就是需要避免出现千人一面的情况，否则就会使观众形成强烈的视觉疲劳，对商品记忆容易产生混淆，造成不好的效果。

例如，从脑白金推出了广告口号“今年过节不收礼，收礼就收脑白金”

之后（图 2-4），其他的商家同样也跟着蜂拥而上，如“好记星，送礼响当当”“诺亚舟，送出一个金状元”等，都想借中国“送礼”的传统使产品可以产生好的销量，但是这种千人一面的广告形式很难使人对其产生强烈的记忆。

图 2-4 脑白金广告

2. 避免夸大其词

广告最大的特性就是真实性，所发布的产品信息必须是真实可信的，不能欺骗消费者。广告内容的真实可靠主要体现在：广告所介绍的商品或者服务是真实的、客观存在的；广告内容能够被科学的依据所证实；广告内容与实际相一致，商品或者服务的基本构成要素，如性能、质量、价格、产地、生产者、有效期、允诺等，必须真实，不能夸张；广告在表现上运用的艺术夸张手法，应当能被公众接受和认可，不得使人产生误解。

广告的夸大其词只会导致消费者对广告的反感、对产品的不屑一顾。所以创意人员在创作广告时一定要注意广告的真实性，注意把握广告情节的设置及表现方面的真实性。并非要求广告创意的所有场景和场面必须是绝对真实的，创意允许适当的夸张和想象的成分，但是应该符合两个基本条件：其一，创意要符合人们的生活方式和逻辑思维；其二，这些夸张和想象的成分不得影响广告信息的真实性。

四、优秀广告作品的心理特征

（一）新颖

优秀广告作品必须富有一定的时代感，符合当前社会发展的大潮，采取新颖而独特的创意方式。所谓新颖独特，重点是谋求广告表现形式上的新颖，以全新的方式给公众一种比较强烈的新鲜刺激感，引起公众的好奇和注意力，进而实现广告宣传的目的。消费者非常喜欢接受一些新的事物，并且新的事物在消费者的记忆之中不容易遭受到其他信息的干扰，记忆就会较为牢固，提取也非常方便。

广告作品只要形式新颖，富有新意，必定能引起公众的注意和认可。在广告创意中谋求新颖，可以从以下三个方面进行。

1. 有个性特色

随着现代商品的同质化现象日趋严重，批量生产出现过盛的现象，也让原来同类的产品广告创意显得较为贫乏，雷同现象趋于严重，很难推陈出新。所以作为一条被广泛宣传的信息，如果可以超越同类的话，往往较富艺术特色，自然会吸引消费者的目光，产生非常好的"眼球经济"效益。

2. 更新的广告宣传样式与作品

没有任何一家企业仅创作出一则广告，企业不断地发展，也就意味着企业需要不断对产品进行宣传，因此，广告形式也就需要不断地变更以便能够吸引广大消费者。在这种变更的过程之中，广告通常需要注重自我超越，持续更新其宣传的样式，以便更好地吸引消费者。没有消费者喜欢那些墨守成规的东西，或者说同一水平的东西，人类的进步都意味着不断地超越，广告同样如此。

3. 强化时代文化色彩

社会发展所具有的一个最大特色就是要与时俱进，作为广告同样也不例外。广告中的"新"最好是可以体现出时代发展最前沿的东西，使人可以充分感受到整个社会发展的律动、思想观念变化等，使广大消费者可以从其中接受的不只是商品信息，还可以外延出一些社会文化，使用这种文化来获取消费者的认可。

北京申奥宣传片既充分展现出了长城内的北京市民冰上运动火热的场景，又介绍了长城外张家口雪上活动飞扬的激情。国家体育馆、五棵松体育馆中的冰球赛场，首都体育馆中的花滑竞技，"水立方"游泳馆改造后能举办冰壶比赛，还有国家速滑馆等待建设……宣传片展望了 2022 年冬奥会比赛现有场馆赛事安排及即将建设场馆的初步规划(图 2-5)。

图 2-5　2022 冬奥会标志

（二）美感

好的广告，在为广大消费者传递信息的同时，还给人们带来了美的感受。这种美或许能够直接作用在人的眼睛上，在形式方面同样会带给人们视觉之美，也能够通过广告文案或者单独或者配合画面的背景给人们营造出一种美的意境，带给人们在思想情感层面与审美层面的享受。

审美可以分为很多种，如意境美、思想美、画面美等，现在的广告在制作方面正在越来越讲究让广大受众群体通过浏览广告形成审美联想与审美共鸣，以便可以达到促进销售与传播文化的目的。

1. 形式美

广告的形式美重点是通过广告的画面设计才能够体现出来的。现在的广告不管是平面广告还是影视广告，都非常讲究画面上的美感设计，希望通过美的感受吸引众多消费者，最终诱使其产生购买的欲望。

平面广告的美都存在于版面编排设计过程之中，遵循美的形式法则并结合现代设计者独特的创意，将其归纳成点、线、面各种广告设计要素的艺术性整合，构成多姿多彩、各具特色并且比较适合创意不同需要的形式。

影视广告的形式美在营造方面除了进一步讲究画面的色彩、影调应用外，还需要进一步讲究摄影、构图、布光等多种制作手段的集体协作，以便可以创造出充满视觉层面震撼力的影像效果。当代社会处在一个视觉至上的阶段，数字媒体在这个时期的发达与读图的便捷性，使人们对图像的画面享受达到了一个前所未有的重视程度。因此，影视作品在视觉的精致化方面也就变成了一个更高的卖点，影视广告假如想在众多广告作品中脱颖而出，其在视觉层面的形式美感往往是一个非常重要的手段。

2. 意境美

广告在完成其基本功能如介绍产品功能特点、诱发购买行为之外，尽可能地要给人以美的享受，将营造一种意境作为广告作品追求的最高境界。意境实际上就是一种渲染，通过画面的创作来渲染一种独特的氛围，一种依靠我们的心灵来体会和感受的境界，能够引起我们对于生活和人生境遇的思索与向往。

3. 情感美

情感属于人类社会发展进程中的永恒话题，也是维系人和人之间关系的重要纽带。用真实的思想情感来表现可以感动自己的情节，必然可以打动他人。亲情、爱情、友情等多种情感的融入，不但会让广告与产品拥有一定的生命力，而且使广大消费者从中能够寻找到自己的过去、现在的影子，让产品与消费者之间产生共鸣，由此就能够建立起来一个产品或者品牌最为重要的价值——顾客忠诚度。

（三）奇特

奇特创意方法通常是谋求广告宣传“奇特”的主要成分，以个性比较鲜明的手法满足了公众的好奇心以及娱乐需要，从而达成广告目标。在公众看来，奇特的东西通常具有典型的娱乐性，因此，也对新奇的事物始终保持比较强烈的兴趣。

“奇”通常是开展广告宣传非常好的切入口，并且具有非常新奇色彩的广告作品，都可以产生良好的宣传效果。现在的广告“奇”主要体现在下列两个方面。

1. 视觉形象奇特

奇特的视觉效果通常是指运用高科技营造出万花筒一般的神奇场景，创造一种新奇、使人惊讶的视觉形象，直接刺激消费者的感官，见到平时的生活所不能见的，进而加深心理层面的记忆程度。

随着影视技术与数字技术的快速发展，在现有的广告中也越来越多地营造出一种比较奇特的非现实场景，以便可以进一步吸引消费者的强烈关注，达到了一种视觉层面的奇观与震撼效应。这主要是源于三维场景与虚拟动画人物形象在广告中的应用，如三星笔记本的电脑广告（图 2-6）。

图 2-6　三星笔记本的广告

2. 构思奇特

奇特的构思重点指的是广告在创意方面非常讲究构思方面的出人意料,激发人的好奇心来欣然欣赏,诱发其进一步探究广告的内容,给人留下比较难忘的心理感受。

（四）怪诞

广告创作中的“怪”重点体现于超常的思维应用,是另类思维方式的一种表达。从现代主义层面来讲,“怪”通常有下列几个方面的体现。

1. 荒诞

荒诞属于现代主义广告最为重要的一个特征类型。英国的著名学者马丁・埃斯林指出,荒诞都是不合道理与常规、不可调和的、不可理喻的、不合逻辑的。现代主义的荒诞手法对于广告的创作产生了比较深刻的影响。因为人们对过去合乎常规的东西看得非常多了,所以对反常规的一些创意尤为青睐,由于不同凡响、反传统的东西在现实中的不同,比较容易引起广大消费者的注意。

除了反常规的组合以外,荒诞性的另外一个显著的特征就是它的非逻辑性与反逻辑性,广告荒诞,重点表现在其问句的语无伦次,不合逻辑,属于一种无序性的混乱结构。但是也恰好是由于广告文案存在的非逻辑性,才让广大观众对它的荒诞怪异形成了非常浓郁的兴趣与注意。这也非常符合心理学的基本规律。心理学指出,人对于那些反常态的事物与社会现象,通常会表现出特别感兴趣的意味,也形成了高度的关注。

要想创作出效果好的荒诞广告文案,一是让题材呈现出反常规的组合,二是语无伦次,使之具备非逻辑性的特征。

广告中,创意人制造了绝对语气的设问式文案,不容你对问题产生置疑，仿佛广告给你的就是绝对权威的流行情报。创意人勇于打破人们固有的思维定式，尝试着在看来不相干的事物之间建立起新的组合、新的联想。

2. 扭曲变形

现代主义反传统的另一个重要方面，就在于它不按事物的本来面目予以表现，而是否定事物自身的比例关系，歪曲其外部形态。扭曲变形的方式主要有两种，一是把一种事物完全变成另一种事物，如人变马；二是改变事物的正常比例关系，使人或事物的结构关系受到扭曲而有悖常态。

第三章　广告调查与策划的心理研究

广告是随着社会经济的发展而逐步产生的，并在其迅猛的发展中形成了一个具有巨大经济和社会贡献的产业。谈广告，无论是谈广告的需求，还是谈广告的策划、广告的运作或广告的受众，都离不开人。本章基于此详细论述了广告调查与策略的心理研究。

第一节　广告调查的心理研究

一、广告调查与受众分析

每年，广告主都会将大量资金投入广告创作与促销活动中。如果没有很好地了解谁是自己的顾客、他们都接触些什么媒介、他们想要什么以及喜欢什么这些问题，那么广告主投入那么多资金就太冒险了。因此，广告主有必要利用广告调查了解相关情况。马丁广告公司为喜儿得制作的系列广告之所以能使受众产生共鸣，首先在于马丁广告公司在广告活动之前，通过广告调查获得了有用和准确的信息，了解到零售商和消费者的想法，特别是年轻妈妈们的真实想法，知道目标受众想要什么，想得到什么，这是广告成功的关键。

由此可见，广告调查的目的虽然有很多，比如广告战略调查、创意概念调查、广告媒介调查和广告效果调查，但其关键还是要准确把握目标受众的真实想法，即受众的心理状态——受众现在对产品或品牌是什么感觉，对产品或品牌有什么样的期待。因此，受众分析对广告调查而言至关重要。但是，受众不是一个人或几个人，而是一大批人，是成千上万的人，既以个体的形式存在，又分属于不同的群体。

（一）人数众多

广告传播属于大众传播，大众传播受众人数之多，是其他任何传播活动都难以包容的。据调查,中央电视台和中央人民广播电台的受众均突破了6亿人。面对如此众多的受众,传播者根本无法与受众进行面对面的交流。

（二）成分复杂

受众,作为个体的存在单位,可以分属于不同的民族、社会阶层,可以具有不同的年龄、职业、性格等。这种混杂性特点表现最为突出的是广播听众和电视观众。受众越复杂,其在传播活动中的行为差异就越大。

（三）分布广泛

受众与传播者无论是在时间上还是在空间上都存在着一定的距离,彼此间隔。这种状况主要是由受众难以限定的空间分布区域所决定的。

（四）变动频繁

把受众放在信息传播这一动态过程中考察,就会发现受众不是孤立的、静止的,而是由一对对相互联系、相互转化的矛盾构成的。并且,从社会学的角度看,受众总是处于变动之中,并随着社会的进步而更加频繁。这种变动不只是为了生计和工作,也可能是为旅游、探亲、访友等。

（五）相对独立

在大众传播活动中,尤其是在电子媒介传播活动中,虽然传与受行为几乎可以同时发生,但受众与传播者是相互隔绝的。对于传播者来说,受众是独立的。且在许多情况下,受众的接收行为与传播行为之间存在着距离,这个距离既有时间上的,又有空间上的。受众成员之间也相对隔绝,呈现彼此独立的状态,结构松散,互无联系。

（六）隐蔽匿名

在大众传播活动中,传播者是知名的,处于明处,暴露于受众面前。而受众处于暗处,是匿名的。传播者很难简单直接地了解受众的具体情况。了解受众、细分受众是一件困难的事情。

二、把握受众心理特征

对受众进行分析是困难的。但对于广告调查而言,更重要的是如何把握受众的心理特征,因为抓住了受众的心理需求,也就为品牌定位、广告战略制定等环节指明了方向。一般说来,大多数品牌都有其相应的消费群体,不同的消费群体,其消费心理和行为特征也不一样。为了使广告主在制定广告战略时有的放矢,使广告活动能有效打破消费者的心理防御,通过广告调查了解消费群体(或目标受众)的心理特征是十分必要的。那么如何把握受众的心理特征呢?黄合水在《广告心理学》一书中从宏观上按年龄、性别、经济收入、文化程度等方面将所有消费者加以区分,并在此基础上,着重探讨各种群体在消费活动和广告活动中的心理、行为特征及其差异。

（一）年龄差异

以年龄的标准来区分市场,通常可分成0 ~ 6岁(学龄前期),7 ~ 13岁(小学期),13 ~ 19岁(中学期),19 ~ 28岁(工作初期),28 ~ 50岁(工作中期),51 ~ 60岁(退休前期),60岁以上(养老期)七个年龄段。不同年龄段的消费者较为突出的差异性体现在以下几个方面。

首先在广告效应方面。不同年龄段的消费者身心发展程度不同,在经济生活和家庭生活中的地位不同,所以广告对他们产生的影响也有所不同。对有些消费者来说,广告使他们知道了某一品牌的产品,对另一些消费者来说,广告帮助他们形成了品牌的形象,还有一些消费者可能因为接受了广告的影响而采取购买行为。一般而言,学龄前儿童由于语言能力的不断发展,他们会从鹦鹉学舌地念着一些广告词和广告品牌名字开始,逐步地学会重述一些广告语。因此,学龄前儿童常常会充当广告的"二级传播",为广告主做免费广告。到了小学期,儿童成了更优秀的"二级传播者",并且广告会引起他们的占有欲,促使他们向家长提出要求。到了中学期,广告的效应主要体现在影响零花钱的使用以及某些日常用品的选择上。特别是中学生在进行品牌选择时,广告可能起着重要的作用。当中学生走出校门步入社会以后,他们逐步在经济上获得完全的自主和独立,并有了独立的思考和判断能力,因此广告不仅能增加他们的品牌意识,改变他们的品牌态度,而且能进一步影响他们的品牌选择和购买行为。换言之,成年人由广告引起的欲望可能转化为对现实的满足。这也是大量的广告是针对成年消费者的缘故。

其次在媒体接触行为方面。不同年龄段的消费者,其接触媒体的行为也各有差异。比如,在媒体类型的接触倾向方面,小孩更钟情于电视,而大人的范围更广,包括电视、报纸、杂志、网络等各种媒体。在媒体接触的时间量方面,从关于电视收看时间的调查中可以发现,中小学生短,55或60岁以上的退休老人长,18 ~ 55岁或18 ~ 60岁这一年龄段的人居中。在媒体内容的选择方面,一般说来,年龄越小,对科学文化知识的兴趣和欲望就越强;年龄越大,知识经验越丰富,在社会中承担的责任越重大,对国内外时事政治的内容也越重视。

再次在认知方面。由于人的认知能力随着生理机能的变化而变化,所以认知能力和认知特点的年龄差异在18岁以前和55岁或60岁之后表现得比较突出,表现在注意、记忆、感知和思维等方面。比如,儿童对新奇、运动、变化的刺激容易产生注意,并能把注意力集中在感兴趣的事物上,注意自己能理解的东西;而随着年龄的增长,大人对刺激物的注意主要靠刺激物的意义来维持。

（二）性别差异

性别差异不仅体现在生理上,也存在于男性和女性在传统社会角色以及心理、行为等方面。如一般家庭的购买和消费活动,根据研究发现,在冰箱的购买决策中,妻子的参与人数比例较大,而在汽车的购买决策中,丈夫的参与人数比例较大。性别差异是一个非常广泛的研究领域,下面仅就与广告相关的两点内容进行分析。

第一,在媒体接触方面。研究发现,男性接触媒体的人数比例要大于女性。在媒体的内容上,男性一般比较关心新闻、经济、体育信息,女性对文艺、戏曲和动画片则略感兴趣一点。

第二,在心理方面。相对而言,对女性消费者来说,在广告的诉求和表现上,她们更重视美的追求和当好贤妻良母的形象。而对男性消费者而言,影响他们购买和消费行为的因素主要是爱潇洒和自尊等方面。

（三）经济收入差异

消费者的经济收入不同,他们的消费心理也不同。以经济收入的高低为标准,一般可以将消费者划分为高收入者、中收入者和低收入者。

高收入者由于经济上的富足,他们的经济收入除扣除维持一般生活水准的支出外,还有相当的剩余。他们不仅会选择较高标准的物质生活方式,而且在精神文化生活方面也会有较高的要求。在商品消费方面,他们突出的心理特征表现为:逐名心理,如对名牌产品的钟爱;攀比心理,如可能存在“别人有的,我不能没有”的心理;冒险心理,如勇于试用新产品;享乐心理,如经常光顾各种高级的休闲服务场所等。

中等收入者的经济收入大多限制在一定的范围之内,他们的经济收入除了满足维持一般生活水平的要求之外,还有一定的富足。如果说高收入者以高消费为特征,那么中等收入者则以合理消费为特征。中等收入者的合理消费表现在两个方面：一是关注产品的用途；二是关注品牌的象征意义。

低收入者的经济收入相当有限，通常只能维持较低的生活水准。因此他们在商品购买和消费上表现出以下特点：一方面讲究节约。由于受经济收入的限制，低收入者购买的商品一般是用来解决某些具体生活问题的，特别是在品牌的选择过程中，价格的高低对低收入者有很大的影响，如商品的折价、削价或大拍卖等往往能引起他们的注意。另一方面怕冒风险。这表现在低收入者对产品的质量通常十分重视。

第二节　需求与广告激发

一、需求层次理论

人的需求是多种多样的，对它可以从不同的角度进行分类。大多数学者采用二分法把各种不同的需求归属于两大类，也有学者把需求分为五大类或三大类。其实人的需求是一个多维度多层次的结构系统。因此，当我们从某个维度考察需求时，应该注意到人的各种需求都不是彼此孤立的，而是相互联系的。

（一）需求按其产生的对象分类

按需求的产生和起源，可以把需求分为生物性需求（也称生理需求）和社会性需求。前者是指与保持个体的生命安全和种族的延续相联系的一些需求，如饮食、睡眠、休息、性、御寒、避痛等。这类需求是由人体生理机能的反映而产生的，由人自身发展、遗传作用而形成的，具有维持、延续生命，保持人体的正常生理功能的作用。后者是指与人的社会生活相联系的一些需求，如对劳动、交往、文化、归属以及对社会地位、成就和威望等方面的需求。这是人类所特有的高级需求，是在人的社会实践中形成和发展起来的，并且受到社会生产和政治、经济、文化、地域、民族等因素的制约，它随着社会生活条件的不同而变化。

（二）需求按其对象的性质分类

按照需求的对象的性质，需求可以分为物质需求和精神需求。物质需求是指人们对物质对象的需求，如对衣、食、住等有关物质的需求，对工具和日常生活用品的需求，它既包括生物性需求，也包括社会性需求。精神需求是指人对社会精神生活以及产品的需求，如对知识、文化艺术和美的欣赏的需求。

（三）马斯洛需求理论

马斯洛（A.H.Maslow，1908—1970）是美国著名的社会心理学家，人本主义心理学的创始人之一。1967—1970 年曾任美国心理学会（APA）主席。他于 1954 年提出需求层次理论，之后又不断加以发展，形成了颇有影响的需求理论。

马斯洛的需求理论的基本要点是：人是一个一体化的整体，不能像传统的本能研究者那样孤立地、不分主次地研究人类需求。人类的基本需求是按照优势出现的先后或力量的强弱排列成等级的，即所谓需求层次，如图 3-1 所示。

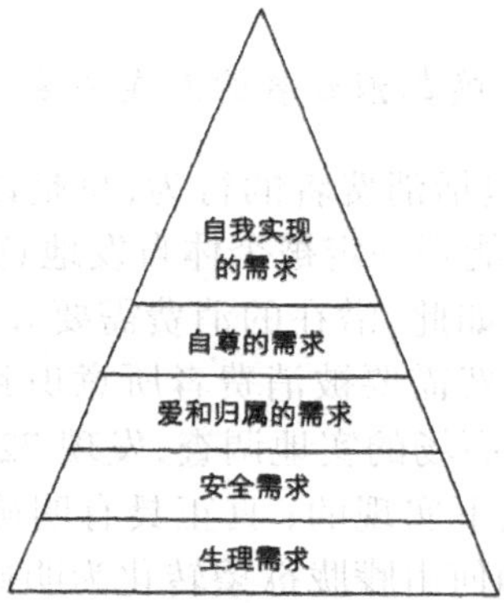

图 3-1　马斯洛需求层次图

（1）生理需求，如对食物、水分、氧气、性、排泄和休息等的需求。这类需求在所有需求中占绝对优势。如果这类需求没有得到满足，此时有机体将全力投入为满足生理需求的活动中。

（2）安全需求，如对于稳定、安全、秩序、受保护，免受恐吓、焦躁和混乱的折磨等的需求。如果生理需求相对充分地得到满足，安全需求就会成为重要的需求。

（3）爱和归属的需求，如对朋友、爱人或孩子的需求，渴望在团体中与同事间有深厚的关系等。如果生理需求和安全需求都很好地得到满足，爱和归属的需求就会上升到重要位置。

（4）自尊的需求，可分为两类：一是希望有实力、有成就、能胜任、有信心，以及要求独立和自由；二是渴望有声誉或威信、赏识、关心、重视和高度评价等。这些需求一旦受挫，就会使人产生自卑感、软弱感、无能感。

当归属感得到满足时,自尊的需求就会增强。

(5)自我实现的需求,就是使自己的潜能和价值得以实现的趋势。这种趋势是希望自己越来越成为所期望的人物,完成与自己的能力相称的一切。自我实现需求的产生有赖于前述四种需求的满足。

需求层次理论认为,没有一种需求是已经完全得到满足的。因此,广告要善于从许多竞争对手的产品中,寻找尚未被占领的位置,从而期待未来的广告受众被产品所吸引。例如,许多高级轿车的广告主经常把广告定位在表明身份、地位的需求上("给您的朋友留下深刻的印象"),或者尊重的需求("您理所当然应有最好的轿车"),或者社交的需求("全家能乘坐高级舒适的轿车"),但是,很少突出安全的需求。

二、基本需求的广告策略

(一)广告激发——唤起消费者的潜在需要

人类的一切活动,包括消费者的行为,总是以需要为中心的。但是,机体内或心理上的缺乏能否一定被个体自发地意识到呢?回答是并不全然。在消费领域中亦是如此,潜在的消费需要并不是都能为消费者所意识到的。只有潜在的消费需要被消费者所意识到时,才有可能成为其购买的动机。据美国一家商场的实地调查,发现72%的购买行为是在消费者只有朦胧欲望的情况下实现的;真正具有明确购买计划的购买行为,仅占购买者的28%。如何由朦胧欲望转化为明确购买行为,这就有求于广告传播的作用。在这里,是广告激发了消费者的潜在需要。换句话说,有效的广告传播可以激发消费者的购买动机。

(二)广告主题与定位——关注消费者的优势需要

任何商品总是满足消费者某方面的需要,不能满足一定需要的商品是卖不出去的。如前所述,人的需要是多方面的。这就决定了消费动机的多样性。不过,诸多需要中经常会有一种优势的需要。能否满足这种优势需要,直接影响到消费者对该商品的态度和购买行为。从商品本身来说,通常,一种商品是具有多种属性的,究竟突出哪个或哪些属性作为该商品的广告主题,这是广告策划中的首要问题。在很多情况下,面面俱到地罗列产品所能满足的众多人类的基本需要,不如准确抓住消费者的"优势需要"。只强调这个优势需要比强调众多的需要更能够发挥广告的传播效果。例如,国外有家制鞋商,以为消费者对有关鞋的属性关心的顺序首先是式样，依次是价格、料子及小饰件。于是，把广告的主题对准了鞋的式样，但是，销路平平。后来，进行了实地调查，询问了5000位顾客对鞋的关心点——优势需求。结果发现：42%的顾客表示“穿着舒服”，32%反映的是“耐穿”，16%是“样式好看”，10%为“价格合理”。根据此调查结果，该厂商果断地改换了广告的主题，由原来注重鞋的式样转变为穿着舒服、经久耐穿，结果市场效益大增。

第三节　情感与广告诉求

一、广告受众的情绪情感

成功的广告总是善于唤醒受众积极的情感体验，激起受众的情感共鸣，使其对推销的产品产生积极的态度，进而诱发购买的欲望。广告要做到这一点，首先必须了解广告受众的情绪和情感的基本原理和规律，其次才可能运用情感诉求手段针对消费者的情绪情感进行定向诱导和激发。

（一）广告受众的情绪情感的概念

消费者在对广告信息进行认知和评估时，往往会伴随着一定的情绪情感体验。心理学认为，情绪情感是人对客观事物是否符合个体需要而产生的态度的体验。广告受众的情绪情感可以定义为受众对广告及广告推介的商品或服务是否符合受众需要而产生的态度的体验。我们可以从两个方面来理解这个概念。

一方面，情绪情感与个体的需要相联系。需要是情绪情感产生的根源。有什么需要，就会有什么样的情绪情感。对于那些与人的需要无关或无意义的中性对象，人们自然没有什么情绪体验。消费者对广告的态度和情绪情感体验也源自于广告或广告商品可能带给自身的需要的满足。这种满足，可能是物质或功能层面的满足，也可能是精神层面的满足。

另一方面，受众对广告的认知是情绪情感产生的基础和前提。在人们的心理活动过程中，“知”和“情”是相互影响、相互作用的，“知”是“情”的基础。人对客观事物的认识、评价是产生情绪情感的直接原因。所谓“触景生情”，“赏心悦目”，“一睹为快”，“知之深，爱之切”等，皆是通过认识而产生的情绪情感。受众对广告中的信息进行的认知和评估也是其产生相应情绪情感的前提。没有认知、判断，也就无所谓情绪情感的产生。

西方心理著作中常常把纷繁复杂的情绪和情感统称为感情,其实严格说来,情绪和情感是两个既有区别又有联系的概念。二者的区别表现在:情绪具有较大的情景性、冲动性和暂时性,它往往随着情境的改变和需要的满足而减弱或消失;情感则具有较大的稳定性、深刻性与持久性,是对人对事稳定态度的反映。另外,情绪通常具有明显的外部表现,也就是外显性。如高兴时人会手舞足蹈,愤怒时会暴跳如雷等,情感则常以内心体验的形式而存在,比较内隐。情绪和情感虽然各有特点,但其差别是相对的。情绪离不开情感,情感也离不开情绪。稳定的情感是在情绪的基础上形成的,同时又通过情绪反应得以表达。在某种程度上,我们可以说,情绪是情感的外在表现,情感则是情绪的本质内容。在现实的具体人身上,它们常常交织在一起,很难加以严格的区分,因而常常被互通使用。

(二)广告受众情绪情感的分类

人的情感体验是复杂多变的,但这并不是说我们对广告受众的情绪情感无从把握。作为生活在相同社会环境中的人,广告受众的情绪情感体验在大的范围内还是有一定共通性的。这正是我们对广告受众的情绪情感进行分类、分析的基础。

1. 广告受众情绪情感的表现形式

我国古有"喜、怒、哀、欲、爱、恶、惧"这"七情"的说法,它基本上概括了情绪情感的基本表现形式。到了近代,人们又进一步把它概括为喜、怒、哀、惧这四种最基本的情绪情感表现形式。在不同的情绪状态下,受众对于广告的接受水平是不一样的。

快乐往往是愿望、目的达到后的一种愉悦的体验。快乐的程度和内心激动的程度则取决于愿望满足的意外程度。快乐的程度可以从满意、愉快到狂喜。在快乐的情绪状态下,人们总是乐于接受广告所传递的信息,较少对广告内容进行挑剔与否定。

悲哀是与所热爱事物的失去以及所盼望东西的幻灭有关的情绪体验。悲哀的强度依存于失去事物的价值。悲哀的程度可以从遗憾、失望到难过、悲伤、哀痛。悲哀情绪下的受众对情感广告的接受,会根据造成悲哀情绪的原因的不同而出现选择性。比如,正沉浸于失去亲人的哀痛中的受众,很容易对热热闹闹的"喜临门"酒广告产生反感。

愤怒容易由于遇到与愿望相违背或愿望不能达到并一再地受到妨碍,从而逐渐积累了紧张的情绪而产生。它可以从轻微不满、生气、激愤到大怒、暴怒。特别是在所遇到的挫折是不合理的或被人恶意地造成时，愤怒最容易发生。一般来说，愤怒情绪下的受众很难对广告作出适当的反应，除非情感广告本身就是诉诸愤怒情感的。所以，愤怒是最不利于情感广告发挥效果的一种情绪状态。

快乐和愤怒都是企图接近、达到引起快乐和愤怒的目标。恐惧则相反，它是企图摆脱、逃避某种情景的情绪。引起恐惧往往是由于缺乏处理或摆脱可怕的情景或事物的力量和能力造成的。例如，熟悉的情景发生了变化，失去掌握和处理它们的办法时，就会产生恐惧。奇怪、陌生都可能引起惧怕。处于恐惧情绪下的受众往往会接受特定类型的情感广告。比如，一些保险公司的广告、安全用品的广告就是利用了受众的恐惧情绪，利用受众急于摆脱恐惧、寻求安全感的心理，以达到推销产品的目的。

在类似这些基本情绪形式的基础上，可以派生出许许多多种情绪，可以出现很多复合的情绪形式，而且可以被赋予各种社会内容。就同一种情绪而言，按其表现程度又可分为心境、激情、应激几种状态。广告受众在同一类型情绪的不同状态下，对情感广告的接受情况也是有差别的。

心境就是我们平时常说的心情，是一种使人的一切其他体验和活动都感染上特定情绪色彩的、比较持久的、微弱的情绪状态。心境对情感广告有很大的影响。积极、良好的心境有助于受众积极性的发挥，能使人头脑清楚，工作效率高。这样消费者就能主动地、较好地接受广告传递的信息，此时受众易对广告产生好感，也较易记忆广告内容；消极、不良的心境使人厌烦、消沉，会阻碍受众对广告信息的接受，广告受众易对广告产生挑剔、排斥的情绪，并殃及产品。

激情通常是由个人生活中具有重要意义的事件所引起。对立意向的冲突或过度的抑制都容易引起激情。激情的产生也与机体状态有关。处于激情状态下，人们会有强烈的内部变化和明显的外在表现。例如，狂喜而仰天大笑、手舞足蹈，恐惧而脸色发白、浑身发抖，伤心而号啕大哭、悲痛欲绝……人的激情一旦产生，容易受激发对象所限出现“意气用事”，丧失理智分析能力和自我控制能力，不顾行动后果。一般地说，激情状态不利于受众对情感广告信息的接受。但有时，激情使受众的理智分析能力下降，这让情感广告有机会乘虚而入、攻城略地，发挥意想不到的作用。例如，人们往往受歌星、影星助阵的热烈现场促销气氛感染，产生强烈的购买激情，买回一大堆平时根本用不着的东西，而这在理智清醒的状态下是不可能发生的。

应激是出乎意料（如突如其来或十分危险）的紧张情况所引起的情

绪状态。现代社会人们的生活节奏快、工作压力大，机体处于长期应激状态，容易出现亚健康。处于亚健康状态的受众对情感广告的反应往往是迟钝，甚至是逆反的。所以，情绪的应激状态对广告信息的接受是不利的。

总之，在感性受众对情感广告的接受过程中，受众的情绪状态是非常重要的，它直接影响到广告的效果。只有在受众的情绪状态适合于对广告中情感因素的接受时，情感广告才能发挥应有的作用。所以，广告受众的接受情绪处于合适状态，是广告移情效应有效发生的前提。

2. 广告受众的情感分类

从情感的外部属性，也就是人的需求性质和内容来看，我们通常把广告受众的情感分为如下几类。

（1）道德感。道德感是由人内心的道德需求满足或不满足引发的情感，具有明显的社会性和政治属性。它表现为爱国主义感、国际主义感、集体主义感、人道主义感、责任感、义务感、友谊感等。这些情感的体验都包含着正反两方面，如爱国主义情感，既表现在对祖国的热爱上，又表现在对民族敌人的憎恨上。同时，它也是一种深层次的情感，直接作用于人的良心、触及人的灵魂。违背了道德情感会带给人严重的心理压力与负担，甚至是精神的崩溃。因此，情感广告若能触及广告受众的道德情感记忆，其效果就会直达受众的内心深处。另外，道德感还具有历史差异、年龄差异、地域差异等。进行道德诉求的情感广告，必须综合考虑广告目标受众的道德记忆特征。比如，对年龄偏大的目标受众，就宜用较传统的道德情感作为诉求点，而“不在乎天长地久，只在乎曾经拥有”就不合适。当然，广告在注重道德记忆差异性的同时，更要注意把握其中大部分相同的稳定内核。情感广告在道德诉求时只要抓住稳定的道德内核，就应当能够面对社会的大部分成员。

（2）理智感。理智感是人们对认识和追求真理的需要是否满足所产生的情感。它往往发生在人的智力活动过程中，和人的认识活动、求知欲、探究感、怀疑感紧密联系在一起。例如，当人们怀着浓厚的兴趣去研究如何解决问题，而该问题长时间解决不了时，就会产生一种渴求而又感到迷惑的情感。在认识过程中产生的惊讶感、好奇心等都是理智感的表现。当问题解决完以后，随之而来的就是成功的喜悦感，它又能推动认识活动的进一步发展。广告中对理智感的表现也能激起广告受众在这方面的记忆，从而使受众建立对该广告的良好印象。如一家公司的形象广告，电视画面上就表现了一群精力充沛的年轻的公司员工正在电脑前工作，经过痛苦的思考，最后把程序调试成功后，那种享受成功的喜悦之情。

（3）美感。美感是人们按一定的审美标准，对客观事物、艺术品或人的道德行为予以评价时产生的情感体验。它具有两层含义：第一，它是愉悦的体验，包括喜剧和悲剧引起的美感；第二，它是倾向性的体验，即对美好事物的迷恋，对丑恶事物的反感。一切符合需要的对象都能引起美的体验，当然审美的标准会因人们所处的时代、社会制度、社会阶层、民族、生活经历、教育背景等不同而有所差异。一个诉诸受众美感的情感广告，在一些人眼里是优美的，唤醒了许多有关审美感受的记忆；在另一些人眼中却成了俗不可耐、令人作呕的垃圾。当然，也不能过分夸大美感记忆的个体差异。构成广告受众美感记忆的基本成分还是稳定、一致的——娇艳的花朵、优美的舞蹈、动听的旋律、"美女"与"俊男"……都会给人留下美好的记忆。

实际上，人类的情感是极其复杂的心理现象，在现实生活中，人能体验到的情感往往是混杂多种情感的、复合性的内心感受，并不是单一的。即便是同一类的情感，由于存在着强弱差别，其实际感受也是千变万化的。而由情感广告激起的广告受众情感反应，多数情况下也是复合情感。所以，从纯粹的心理学理论分析广告受众的情绪情感，对广告实践是没有多少实际指导意义的。

（三）广告受众的情绪情感反应

广告信息符合受众的需要与否，决定着情绪情感的性质和方向——或积极肯定的，或消极否定的情绪情感反应。积极肯定的情感情绪体验，如欢欣、热爱、愉悦、兴奋等情感，能强化消费者的购买欲望，对购物决策起到积极的促进作用；而消极否定的情绪情感，如厌恶、憎恨、恐惧、愤怒等情绪情感体验，能削弱消费者的购买欲望，妨碍购买行为的实现。广告受众对广告的情绪情感反应是复杂的，有时也可能表现为中间情绪状态，对广告既满意又不满意，既喜欢又忧虑，或是既没有喜欢也没有不喜欢。这种相互矛盾、对立的情绪情感体验，在广告活动中比较常见。例如，人们虽然对广告的情节、模特运用和表现手法很赞赏，感到满意和愉悦，但是对广告所传播的信息又觉得不太可信或不太满意等。

广告受众的情绪情感反应的方向和性质与广告调动受众的情绪记忆及情绪联想有关，与广告情感的性质、表现的强度有关，也与受众自身的情绪情感经历和水平有关。同一则广告，可能引起不同强度的情绪情感反应，有时甚至是性质、方向相反的情感反应。这说明，与我们的感觉一样，受众的情绪情感同样存在阈限的问题。同样性质的情感刺激，在阈限上、阈限中和阈限下的反应是有差别的。在阈限附近的情感刺激强度的反应，通常会引发积极的情感反应，可以顺利地激发受众的情感记忆，进而引发情感联想，产生适度的情感共鸣，并把好感转移到广告产品上，因而是最符合广告制作者意图的广告情感刺激。强度超过情感阈限的情感刺激，有时反而会不利于广告效果的发挥。对于表现美好情感的广告，如果情感刺激高于正常水平，会把广告受众的注意力完全附着到广告表现上，难以产生情感的联想和迁移。而对于利用消极性情感的感性广告，如果情感刺激过高，则往往会使广告受众产生严重恐惧而逃避。比如，提醒公众注意交通安全的公益广告，如果大量采用血淋淋的事故现场镜头，会吓跑大多数广告受众，毫无广告效果。只有采用适度的刺激，如清理过尸体后，但地面上还有一些事故残留物的事故现场画面。这样，既刺激了广告受众的情感反应，又不致因过分刺激而使广告受众回避。在阈限以下的情感刺激，一般而言效果会下降。因为除了情感敏感度特别高的人，大多数广告受众会因其他环境刺激的干扰，对广告的情感刺激“不为所动”。但“不为所动”并非彻底无动于衷，只不过情感刺激引起的受众情绪反应极其微弱，通常只是一些背景式的情绪活动。但对于那些以理性诉求为主的广告，如果辅以低强度的情感刺激，常常会改善理性广告信息的接受效果。

总之，广告受众的情绪情感反应决定了受众对广告的情绪基调，广告受众的情感记忆和情绪背景也会直接影响受众对广告的态度。

(四) 广告受众情绪情感的机体变化

在人的情绪情感发生时，除了喜、怒、哀、惧等主观心理体验外，往往还伴随着一定的机体生理变化和外部表现。通过了解这些外部和内部的生理变化和表情动作，可以进一步了解广告受众的情绪情感性质和变化，为广告活动提供依据。

从广告受众情绪情感发生时机体内部的生理变化来看，主要表现在人体的呼吸系统、循环系统、消化系统、腺体分泌系统、肌肉组织(皮肤电、肌肉电)等的改变上。如人在发怒时，呼吸快而短促，心跳加剧，血压升高，食欲减退；惊恐时呼吸中断；气极时手脚冰凉；紧张时面色苍白，大汗如雨等。通过广告受众机体生理指标的测量，可以了解受众情绪情感的状态和变化。这是广告心理测量的一个主要方面。

在情绪情感发生变化时，广告受众机体外部也会有所表现。这主要通过其神态、表情、语言等表现出来，心理学统称为“表情动作”。它包括三个方面：面部表情、身段表情和言语表情。广告受众情绪情感的机体变化为广告人员了解广告在受众情绪情感的反应提供了线索，为广告活动提供了依据。

二、广告情感诉求的心理研究

情感诉求要从消费者的心理着手，抓住消费者的情感需要，诉求产品能满足其需要，从而影响消费者对该产品的印象，产生巨大的感染力与影响力。因此，广告情感诉求有必要采用一些心理策略，激发消费者的心理，实现购买行为。

（一）广告情感诉求的心理方略

1. 紧紧抓住消费者的情感需要

需要是情绪情感产生的基础。若消费者没有产生类似的需要，任何刺激也难激起他的这种情感反应。正如恩格斯所说，一个忧心忡忡的人，对世界上最美的花朵也会无动于衷的。情感广告诉求只有紧紧围绕消费者的需要展开，把产品与消费者的需要紧密联系起来，才能让消费者心有所动，取得理想的效果。这就要求广告设计人员了解广告目标受众的心理需求，对广告受众的情感需要进行准确定位，挖掘产品中可以满足其情感需要的特性，以充满情感的语言、形象、背景气氛作用于消费者需求的兴奋点，有针对性地进行诉求。雅士利麦片诉求的是母亲对子女的爱，旺旺饼干诉求的是家庭和睦和对财旺、气旺、身体旺的愿望，学习益智类玩具诉求的是父母望子成龙的心情等。这些广告之所以成功，都是因为紧紧抓住了消费者的情感需要。

2. 利用情感的迁移

爱屋及乌是一种司空见惯的心理现象。许多厂商不惜重金聘请体育界、娱乐界的明星甚至是政界人物为自己的企业或产品做广告代言人，就在于这些人物是公众的挚爱，他们的行为对公众有“示范”效应，期望借助模特，使得公众爱他们之所爱，喜他们之所喜，自然购他们之所购。这在心理学上称为“自居作用”，即公众通过与明星购买同类产品，在心理上便把明星身上所喜欢的优点转移到自己身上，如喜欢黎明的人购买乐百氏纯净水，喜欢郑伊健的人购买风影洗发露。利用情感的迁移，是大多数广告人惯常采用的一种广告策略。

（二）广告情感诉求的具体方法

广告情感诉求的具体方法有很多，幽默、恐惧、比喻、夸张、情节诉求、诺趣、荒诞、悬念等都是情感广告常用的诉求方法。

1. 幽默

幽默广告具有含蓄性、深刻性、温厚性等优势。当然，幽默广告也具有一定的风险性。其一，幽默广告能逗人发笑，却不利于受众对广告内容产生记忆，而且说服力不够强，难以促进产品的销售。因此，幽默广告对新产品不太合适，而比较适合于那些产品和商标的知名度已达到很高程度的公司。其二，幽默表现手法有利于达到较好的宣传效果，但要注意使用的场合。它可能把应该严肃对待的事情当儿戏，因此，并不是所有的感性产品都适合用幽默广告。一般而言，感情需求性产品，如快餐、甜点、软饮料多用幽默广告促销；高理性型产品则不适用；与生命、资产有关的产品、服务则不宜用幽默诉求，如药品。有资料表明，保险公司、银行等也很少采用幽默广告。当然，这一条并非金科玉律，越来越多的保险、银行广告开始尝试运用幽默诉求。其三，如果幽默广告与产品特点结合不恰当，受众会因为幽默的无趣而对产品产生厌恶感。另外，受众对幽默的理解受文化程度、社会背景、地理环境、生活习俗的影响。过雅，则难以理解；过俗，则流于低级；不恰当，则让人哭笑不得。这点广告人在创造中要注意把握。

幽默广告具有正负两种效果。幽默引起受众对广告的注意，降低受众的认知防御，提高受众的广告接触率，促进受众对广告、品牌形象形成良好的态度。但幽默广告也隐含一定的风险，这种广告创意策略宜慎用。因此，尽管幽默使得广告更有趣、更逗笑，但幽默并不能绝对保证广告更有效。幽默广告需要广告人有更高的智慧、更丰富的想象力、更多的知识经验和道德感。

2. 恐惧

优秀的广告能打动消费者的心，在心理层面造成震撼力和影响力。这种“打动”“震撼”“影响”不仅来自正面诉求，也来自反面诉求，利用人们普遍存在的害怕、担忧心理，在广告创意中运用和发展恐惧诉求，这正是国内外不少广告大师的创作手法。“恐惧”诉求就是指通过特定的广告引起消费者害怕、恐惧及其有关的情感体验，从而使消费者渴望追求一种解救，自然就引向广告推荐的产品。广告主通过它来说服消费者，改变其态度与行为。一般这一策略较多地应用在那些人身健康安全与免受财产损失等有关的产品上。恐惧诉求中应注意的问题：第一，准确掌握广告恐惧诉求的强度。如前述提及，恐惧广告要达到预期效果，诉求的强度应恰到好处。威胁太弱，不能引起受众的注意与重视；威胁太强，又容易适得其反，可能激发受众的防御心理作用，导致对面临的问题作出回避反应；有时采用一种不太直接的、侧面方式进行威胁提示，采用较新且易为人们接受的方式进行诉求，扣住产品的特性与功能，往往更容易奏效，更易达到诱导目的。第二，及时提供解除恐惧威胁的方法。恐惧诉求通常有理性伴随，需要巧妙地在设下"恐惧"之后，提供解除的方法，让受众在不知不觉中卷入其中。多数"害怕"诉求都采用告诫、劝说的方法，有时还向受众提供解决问题的方法，对其晓之以理、动之以情。这里要注意，在给予提示解除方法时要诚恳，富有关怀之心。

3. 比喻

比喻和直述式、告知式截然不同，它常常隐晦曲折，"婉而成章"。比喻是借助事物的某一与广告意旨有一定契合相似关系的特征，"引譬连类"，使人获得生动活泼的形象感。它给人的美感很深沉、绵长，其意味令人回味无穷，可收到较好的传播效果。

广告人在运用比喻诉求创意时，要掌握以下几点。

第一，注重广告的内涵。由于现代市场经济的发展，人们生活水平的提高，人们的广告审美要求由外部视觉形象转移到了丰富内涵，而比喻的含蓄表达正是表现这种内涵的最好选择。比喻一定要追求巧妙构思和非凡创意。这种非凡创意无论从作者创作角度还是受众理解角度，都体现了一种现代人崇尚的智慧美。这种美感的高品位，使广告带上了更丰富的内蕴。

第二，突出主题，准确切入。比喻表达的作品一般比较曲折，曲折固然易于引人入胜，但也很容易偏离主题，或者形象体对于诉求点的切入不够准确，这种状况貌似有较强的感染力，实则影响受众对广告的认识和理解，这是必须予以注意的。

第三，要有原创性。比喻诉求的含蓄表达特性与现代广告受众的需求动机和审美趣味相吻合，这便使它成为受众关注的焦点。受众对这类广告表达的要求很高，有特色、有个性和原创性的广告才具有震撼人心的力量。英国童话作家王尔德说："第一个把姑娘比喻为鲜花的人，是天才，第二个把姑娘比喻为鲜花的人，是庸才，第三个把姑娘比喻为鲜花的人，是蠢材。"强调的就是比喻的原创性的价值。

第四，取象近而意旨远。比喻体或者隐含意向的形象体的选择最好是人们日常生活实践中最熟悉的事物，这种事物为人们司空见惯，最易为受众理解，而且在表达中图像文案可以以精练简明的方式获得很好的效果。

4. 夸张

在广告中，把广告要着力推荐介绍的商品的某种特性通过极度夸张的手法表现出来，这样一则强化了特定的诉求点，二则因夸张带来的良好传递性而增强了广告效果。

从修辞学的角度讲，夸张不外乎两种情形：一种是尽量将事情向快、高、大、好、强、重等方面伸张扩大，或者尽量向慢、低、小、坏、弱、轻等方面收敛缩小，这是“一般夸张”法；另一种是把后出现的事情提到事前来说，这是“超前夸张”法。广告在运用夸张手法时，也无非是在这两种方法上做文章。

5. 情节诉求

情节诉求广告是采取带有情节的故事片段，有些甚至有矛盾冲突或连续性，使人们在引人入胜的情节中，认知感受商品，接受广告意向。这类表现手法在各种媒体广告中运用得非常多，其范围也已大大拓宽，早已不局限于商品使用过程情节本身了。情节诉求广告的创意要点是：

第一，要在形象性的基础上突出情节。鲜明的形象是前提，在这个前提下要有场景、人物和故事情节。通过画面和文字可以使人感受到生动活泼的活动过程和人物性格。情节要引人入胜，具有趣味性，才能引起受众的兴趣。这类广告的美感，主要在情节中。人们在浓郁的生活气息中得到的美感是异常强烈的。

第二，情节必须与商品紧密相关，贴切主题。创意绝不能为了故事情节而偏离主题，或者与商品联系牵强附会。有些情节起于商品，归于商品。有些情节发端似乎与商品无关，但最后归结必须是商品，而且发端离开商品完全是为了表现商品的有意安排。情节安排应与商品的特征联系自然，切入点要准确，最大限度地提高情节的有效率。

第三，情节必须单一。情节表达过程要防止出现形式复杂化倾向、语言累赘、画面繁多等弊病，把情节铺垫简化到最少，一旦进入正题就应单刀直入，抓住关键进行诉求。对于那些情感色彩浓重的情节也应在必要的提示之后点到为止，把依依深沉之情通过启发留在受众的回味中。否则，情节复杂，信息繁多，必然会淹没广告的目标。

第四,情节表现力求生活化。情节表达广告所使用的形象的选择十分重要,形象远离生活往往造成受众理解上的困难。从现代世界优秀广告趋势来看,情节形象越来越生活化,选取人们最熟知的生活形象来创意情节,和受众自然保持着心理沟通。另外,由于为人们所熟知,表现时不用周密地说明,一点就破,更利于简单化。

第四章　广告创意与表现的心理研究

广告的创意离不开想象,展开公众的自我想象是激活自我对未知追求最热切的动机,让公众将广告中的产品作为展示其物质自我的重要载体,让公众在毫无心理阻抗的情境中接受广告的宣传,离不开心理的暗示。

第一节　注意与广告吸引

一、注意在广告信息加工中的地位与作用

(一)吸引受众注意是广告成功的前提

随着改革开放政策的逐步深入和社会主义市场经济体制的建立,中国经济告别了短缺经济的时代,供不应求的现象基本消失,各种产品与服务从短缺转为过剩,市场形势由“卖方市场”转向“买方市场”,消费者有了更多的选择,市场竞争也更趋激烈。为了获得消费者的青睐,企业和商家不吝投入,使出浑身解数,大打“广告战”,于是广告铺天盖地,令人目不暇接,消费者也不由自主地卷入广告海洋的包围之中。今天,广告无孔不入,无时不有,无处不在。有人甚至说,就连我们呼吸的空气中都包含广告的分子,这话并不为过。

虽然我们每天都要接触到这么多的广告信息,但是否所有的广告信息都能被消费者注意到呢?事实证明,能引起消费者注意的只有少数广告信息。20世纪六七十年代,国外有人进行过两项调查研究,旨在了解评估一个消费者一天大约能接触多少则广告。其中的一份调查报告说,有560余份,另一份调查报告说,平均为300份左右。当然,今天每个消费者接触到的广告数量可能远不止这个数目。在这么多暴露给消费者的广告中,消费者真正能看到听到的又有多少呢?雷蒙德(Raymend

A.Bauer）等人 1968 年所作的研究告诉我们，一个工作日中，成人被试有意注意到的广告平均数只有 76 则。美国另一项调查研究则表明，虽然美国人平均每天处在 1500 多个广告的包围之中，但实际感受到的广告不到 100 个，而有意识地注意到，并在头脑中进行加工的广告只有十几个。这说明，在众多暴露给消费者的广告中，只有一少部分广告信息能进入消费者的关注之中，消费者对广告刺激的注意具有明显的选择性。

注意是通向消费者心理世界的门户。广告对消费者发生作用的前提首先是在众多广告中脱颖而出，成功吸引消费者的注意。在广告传播过程中，广告要想达到预期的目标，就必须首先引起消费者的注意，吸引消费者注意是广告成功的前提。日本学者顺腾久说，“要捉住大众的眼睛和耳朵，是广告的第一步”。① 著名的广告人威廉·伯恩巴克（William Bembach）也说过，“你没有吸引力使人来看你的这页广告，因此不管你在广告中说了什么，你都是在浪费金钱”。② 从这个意义上讲，广告成功的心理基础是吸引广告受众的注意。可见，从消费者的接受心理来讲，广告能否吸引消费者的注意是其成败的心理基础。广告界流行着这样一句名言：让人注意到你的广告，就等于你的产品推销出了一半。这话不无道理，它从一个侧面说明了吸引受众注意对广告传播的重要意义和价值。

（二）注意在广告信息加工中的功能

注意在广告信息加工中的具体功能和作用可概括为如下几个方面。

1. 选择性功能

我们来做一个心理实验：让一个被试毫无目的地走进一个大厅，大厅里有很多人在讲话，当很多声音一起袭来时，被试可能什么也没听见。这时，如果有人叫被试的名字，他会很自然地转头去看。这个实验说明，消费者对信息的注意是有选择性的。在当今信息爆炸的现代社会，过多过滥的信息资讯已超过了人们注意力的负荷。面对排山倒海的信息资讯，人们并不是被动地一味接受，而是会有所取舍和选择。注意使我们的心理活动指向于特定的广告信息，而忽略其他广告信息，这就是注意选择性功能发挥作用的结果。每天暴露在消费者面前的广告信息非常多，消费者能感知到的总是其中的一小部分，而大部分被过滤掉了，这正是注意的选择性功能的体现。消费者总是优先注意那些新异而有意义的广告信息，选择那些符合自己兴趣和需要的广告信息，避开各种无关的广告信息，从

① 余小梅．广告心理学[M]．北京：中国传媒大学出版社，2003.
② 黄合水．广告心理学[M]．北京：高等教育出版社，2005.

而避免信息超负荷对个人身心所带来的不利影响。如果没有注意的选择性功能，消费者所需要的信息可能会被淹没在信息的海洋中，得不到反映，甚至人的认知系统可能会由于信息超载而瘫痪。

2. 保持功能

心理学的研究告诉我们，感知到的信息，从感觉记忆到短时记忆再进入长时记忆系统，在这个过程中常常需要我们对感知到的信息多加注意和进行复述，信息才能长时间被保持。如果没有注意的保持作用，即时感知到的广告信息很快就会遗忘消失。消费者对广告信息的感知、记忆、理解及加工的过程，离不开注意的参与，注意相伴广告信息加工的全过程。注意的这种保持功能，让我们的心理活动始终指向并集中于特定的广告信息。

3. 调节与监督功能

当消费者进行有目的的活动时，注意具有某种调节与监督的功能，依靠注意的调节与监督作用，消费者这种有目的的行动才能不受干扰地顺利进行。在广告信息的加工过程中，消费者也会碰到许多无关刺激的干扰，消费者不仅需要把注意力集中在广告内容上，而且必须抑制无关刺激的干扰，才能顺利完成对广告信息的加工。

二、注意的基本原理

（一）注意的概念和特征

注意指的是心理活动对一定对象的指向和集中。如消费者专心地听广播广告，仔细浏览商场海报等，都是消费者将意识活动指向并集中于特定对象的注意想象。注意是一种意识状态，它不是一个独立的心理活动过程，而是伴随着感知、记忆、思维等心理过程出现并存在于其中的一种共同的心理活动特性。比如，我们提醒他人“注意听”“注意看”“注意想”等。注意不仅存在于人的认知过程中，也存在于人的情感体验和意志行动中。

注意有两个基本特征：指向性和集中性。注意的指向性是指在某一瞬间人的心理活动有选择地指向某一特定事物，同时离开其他事物。受众在面对铺天盖地的广告信息时，总会在众多的广告信息中有选择地注意某个广告，并使心理活动在这个广告上停留一段时间，使得认识活动能够对它进行加工。注意的集中性是指人的心理活动只集中在某个特定事物上，用全部注意力关注这一事物，而离开一切与注意对象无关的刺激物,并对局外干扰进行抑制,以保证注意对象得到鲜明、清晰的反映。注意的指向性体现的是注意的选择性功能,注意的集中性体现的是注意对心理活动的调节和监督功能。如果说广告受众注意的选择性是将心理活动指向某个广告,那么注意的集中性就是受众心理活动在这个广告上的强度或紧张度。注意的指向性和集中性共同起作用的结果是,广告受众的注意力始终保持在特定的广告对象上。在广告信息的传播过程中,受众注意的两个特征虽然严格来说有先有后,但几乎是同时发生的。当受众的视觉或听觉受到新异的广告信息刺激时,注意力就可能指向这个广告;当受众对这种广告产生兴趣并能够持续下去时,受众就会将注意力集中到该广告上了。

（二）注意的发生机制和外部表现

从注意发生的生理机制看,注意是人的一种定向反射。当这种反射发生时,大脑皮层相应的区域会产生一个优势兴奋中心,优势兴奋中心使其相邻的大脑皮层区域出现抑制,从而使优势兴奋中心内暂时的神经联系加强,保证了对注意对象的心理加工活动。注意是可以转移的,当更新异的刺激出现时,人的心理就会产生一种变化,优势兴奋中心发生转移,引起注意的分散与转移。

怎样才能知道受众是否正在注意企业的广告信息呢?这可以通过注意的外部表现来观察判断。当注意发生时,往往会伴随着一些外部表现,如感官(眼、耳、鼻等)会作朝向运动(如举目凝视、目不转睛、侧耳倾听等),受众多余的无关动作会暂时停止和有关动作的有规律进行(如眼睛扫描);内脏器官也会作适应性变化,如呼吸变得轻微而缓慢,甚至出现所谓的“屏气”“屏息”现象。注意发生时也可能会伴随着一些特殊的表情动作,如握紧拳头、紧闭牙关。这些都可为我们判断消费者的注意力集中在何处提供有用的线索。当然,注意的外部表现,有时与其内部状态相一致,有时与内部状态并不一致,如有的学生虽然坐在教室里上课,手里捧着书或握着笔,但心里可能在掂量别的事情,开了小差,这就是注意力的不集中,也就是我们常说的分心现象。对此,我们要细心加以辨别。

（三）注意的分类

心理学根据引起和保持注意时有无目的性和意志努力的程度,把注意分为有意注意和无意注意两种形式。有意注意又叫随意注意、主动注意,是有明确的预定目的,必要时还要付出一定意志努力的注意。无意注意又叫不随意注意、被动注意,指事先没有预定目的,也不需要做出意志努力的注意。消费者在商场里闲逛，对店内许多商品和广告的注意多属于无意注意；消费者在购买目标明确的情况下发生的注意以有意注意为主要形式。心理学里还有一个概念，叫有意后注意，也称为“后有意注意”或“继有意注意”，是指自觉的、有预定目的的注意，但不需付出意志的努力。有意后注意往往是在有意注意的基础上发展起来的，通常情况下，人们刚开始从事一项生疏的、不感兴趣的工作时，需要经过一段时间的意志努力才把自己的注意保持在该项工作上，当他们对这项工作熟悉了，产生兴趣了，就可以不需要经过意志努力而继续保持注意，这就是有意后注意。有意注意和后有意注意的共同点都是由主观原因引起的自觉的、有预定目的的注意。而无意注意多是由客观因素引起的注意。

有意注意和无意注意既有区别又相互联系。两者的区别表现为：第一，目的性。有意注意有明确的预定目的，自觉性强；无意注意没有预定目的，自觉性差。第二，持久性。有意注意需要付出一定的意志努力，相对稳定和持久；无意注意没有意志的参与，保持时间较短，也容易发生注意力的转移。第三，疲劳性。有意注意时，神经细胞处于紧张状态，容易出现心理疲劳，处于抑制状态；无意注意时，神经细胞有时紧张有时松弛，不容易产生心理疲劳，不易被抑制。第四，制约性。有意注意受主体的主观努力所制约，无意注意则受刺激物的性质和强度等所支配。不同类型的注意虽有区别，但它们之间也有着内在的联系，并在一定条件下可以互相转化。如一个人可能是在无意注意状态下接触到某广告信息，并根据广告信息采取了购买行为，使用商品后感到非常满意。这人在受益于广告信息后开始留心收集各种广告信息并加以运用，这时的注意已从无意注意转变为有意注意，对广告的长期兴趣会使有意注意转化为有意后注意。这一过程就是客观因素刺激的不自觉行为可以转化为有意识、有目的的自觉行为。

（四）注意的品质

作为一种心理活动特性，消费者的注意力是有一定的个体差异的，这可以用注意的品质加以衡量。注意的品质包括以下几个维度。

1. 注意的广度

注意的广度又叫注意的范围，是指一个人在同一时间内可以清楚地把握的对象的数量。心理学的实验表明，在1/10秒的瞬间，成人一般能注意到6 ~ 7个信息单位，或是4 ~ 6个没有联系的英文字母，注意到的汉字通常不超过7个。在这么短的时间内，人的眼球还来不及转动，不可能对所有视野范围内的刺激都加以注意,只对某些对象有清楚的视觉印象,此时,注意的广度正好是知觉的范围。注意的广度并不是恒定不变的,这既与注意的主体因素(如个体的知识经验)有关,也与注意的客体对象有关。被注意材料的意义性、摆列的规律性和集中性、受众对材料的熟悉度会影响注意的范围和准确度,文化教育水平较高的人比文化水平低的人对文字的注意范围要广。

了解注意的广度原理对广告实践有实际参考价值。广告传播和设计必须了解广告受众的特点,要考虑广告受众的知识经验,并要设计合理的信息量,以方便受众注意。平面广告标题的文字数量应尽可能地简短扼要,控制在受众的注意广度内,而不能超越这个范围。

2. 注意的强度

注意的强度也可理解为注意的紧张度,是指心理活动对某些对象的高度集中而同时离开其他事物的特性。注意的紧张性越大,注意的广度就越小,也越容易疲劳。从注意的外部表现来看,人在紧张注意时,呼与吸的时间比例会发生改变,往往会吸变得短促,呼变得加长,甚至会出现呼吸暂时停止的情况,也会出现心跳加速、紧握拳头等现象。

3. 注意的稳定性

注意的稳定性是指注意力长时间保持在需要注意的对象上的特性。但并不一定是指向同一刺激物,而是指活动的总方向不变。与注意的稳定性相对应的是注意的分散。在一段时间内,注意的稳定性越好,活动的效率会越高。刺激物本身的特点如其新奇性、有趣性、变化性以及注意者的身体状态、年龄和个性特征等主客观因素都可能影响注意的稳定性。儿童注意稳定的时间较成人短,这也是小孩喜欢看电视广告的一个原因,因为电视广告画面持续时间短、变化快。

4. 注意的分配性

注意的分配是指在同一时间内把注意分配到两种或两种以上的对象或活动中去的能力。汉朝的文学评论家刘勰在其《文心雕龙》著作中提出一个被认为是世界上最早的心理实验,这就是有名的“画方画圆”实验:“一手画方,一手画圆,一时不能两成。”实验证明,注意的分配是有一定条件的,同时进行的几种活动的复杂程度、熟悉程度和自动化程度都会影响注意分配的难易程度。注意分配最重要的条件是,同时进行的两种活动必须有一种是熟练化了的,并且注意力是分配在不同的感知器官上。

5. 注意的转移

注意的转移是根据活动任务的需要有意识地把注意力从一个对象转移到另一个对象上去的能力。注意的转移是大脑皮层优势兴奋中心转移的结果。从原来的注意对象转移到新的对象，整个注意范围中的内容发生变化。注意转移的快慢和难易，依赖于原来注意的强度和新注意的对象的特点。原来注意强度越大，注意的转移就越困难、越缓慢；新注意的对象越符合人的需要和兴趣，注意的转移就越容易。反之，注意的转移就越困难。不少商家借助热播电视剧中间插播广告，是希望观众的注意力能有效转移到广告信息上，但实际效果并不理想，有时效果适得其反，就是因为广告与正在播出的电视剧没有任何关联，没能与电视剧进行完美的“嫁接”，融合得天衣无缝。观众因高度关注并沉迷于电视情节而很难实现这种转移。如果商家的广告内容和表达与电视剧没有任何一致性，又不符合观众的兴趣和需要，想让观众将注意力转移到广告信息上是徒劳无益的。

需要指出的是，注意的转移和注意的分散、分心是两码事。注意的转移是根据活动任务的要求，自觉、主动进行的注意调整，注意的分散是指注意不自觉地离开当前应当完成的活动而被无关刺激所吸引。注意的分散可能由无关刺激的干扰所致，也可能由单调刺激的长期作用所致。

注意的品质原理在广告实践中有着多方面的应用价值。广告设计制作人员了解了受众的注意品质特性，才可能对广告的注意有深的认识，才会采取合适的措施和技巧吸引注意，使注意稳定，并引导受众根据广告产品的特性进行有效的转移和分配。

三、广告吸引的注意方略

（一）利用广告刺激本身的特点增强广告的吸引力

一般来说，受众对广告的注意多是在低卷入状态下发生的，以无意注意的发生居多。无意注意主要受外界刺激物本身特点的影响，如刺激物的新异性、大小与强度、活动与变化、对比的鲜明性等都会影响人们的注意。广告信息本身对消费者来说，也是一种刺激物，广告自身的特性是否鲜明突出，无疑会影响受众的注意。利用广告刺激本身的特点，是增强广告吸引力的最常用手段。具体来说，可以考虑以下几点。

1. 增大广告的刺激强度

心理物理学的研究表明，一个刺激要引起反应就必须达到一定的强度，而且在一定强度范围内，反应随刺激强度的增加而增加。强烈的光线，明艳的彩色，巨大的声响，浓郁的气味，都会吸引人不由自主地加以注意。刺激物的强度在广告上主要体现在版面大小和布局、色彩的明暗程度以及广告的音响和节奏等方面。要增大广告的强度，在视觉广告中，可以通过扩大户外广告的尺寸比例（如制作户外巨幅广告，大屏幕显示等），增加印刷广告的版幅或采用大标题、利用浓艳亮丽的色彩表现来达到目的。在听觉广告中，广告设计制作者也有多种增大广告强度的方式：采用特殊的音响、突然加大音量、改变音频等。例如，广播广告中常用与平常说话不同的音频来播出广告语或用混声造成与日常播音效果不同的声音以引起注意；电视广告常在电视节目播出商业广告时突然加大音量。这些都是利用了强度原理。

国外有研究认为，扩大广告画面的尺寸会使读者的注意加大，但二者并未构成正比关系，还受其他因素的影响。心理学家斯特朗（E.K.Strong）曾以心理实验方法，对广告面积大小和广告注意的关系做了研究，其结果是：如以 1/4 页广告注意值为 100，那么 1/2 页的注意值为 156，全页广告的注意值为 240。

商场开业时门面布置极尽奢华，彩旗飘飘，横幅招展，锣鼓喧天，大张旗鼓地营造出节日的氛围，就是为了增大刺激的强度，吸引顾客和媒体的眼球。一些广告之所以吸引人们，也正是由于它的特大尺寸。例如，堪称世界广告之最的瑞士钟表广告，直径达到 16m，重 6t，垂挂在东京一座新落成的摩天大楼上。又如美国印第安纳州的辛辛那提五金公司的建筑物，远远看去就像是一把巨大的扳钳广告。这些巨型广告一般位于交通要道，每天观览时间很长，吸引来的观众每月竟多达百万人。2006 年 2 月，辽宁省气象台在其办公楼外设立了一个巨型温度计，从气象台的一楼一直延伸到 18 楼，达 45m 高，温度计上有很醒目的刻度线和亚克力温度读数发光字。这个巨型温度计可实时进行天气预报，既方便市民了解气温的实时变化，也对建筑物功能是一个无言的广告。人们之所以关注它们，就是由于其强度，给人以视觉冲击力和心灵的震撼。

需要指出的是，刺激强度不是越强越好，刺激不能超过了广告受众的感觉阈限，否则会引起受众的心理防御和反感。广告刺激的强度除了包括其绝对强度外，还包括其相对强度。强烈的刺激固然能引起人的注意，但对引起无意注意起主要作用的是刺激物的相对强度，即与这个刺激物同时出现的其他刺激物在强度上的对比关系。一个强烈的刺激如果在其他强烈刺激背景上出现，可能不会引起人的注意；相反，一个弱的刺激出现在没有其他刺激的背景上，则会引起人的注意。例如，在一个相对宁静的超级卖场，一则广播广告可能会引起消费者的注意，但同样强度的广告，在集贸市场，就不可能吸引大家的注意。20 世纪 90 年代中期，中央电视台可谓"酒气冲天"，黄金时段广告大部分是白酒广告，口号一家比一家叫得响，声音一个比一个大，但就在其他酒都在比谁的配音嗓门大的时候，"扳倒井"请了一位可人、娇巧的古代侍女用非常温柔、缠绵的声音向广大消费者诉说"饮不尽的豪爽——扳倒井"，与其他白酒广告形成了鲜明的对比，因而也备受消费者注意。

2. 利用广告创意的新异性吸引受众注意

新奇的刺激容易吸引人的注意，而刻板的、千篇一律的、多次重复的习惯性刺激不易吸引和维持注意，这是注意的基本规律之一。刺激的新异性是引起注意的重要条件。广告表现形式流于俗套，缺乏创意，或反复刊播、缺乏变化的广告刺激，由于长期带给消费者的刺激类似，受众的感觉器官就会产生适应现象，对广告差别的分辨率变低，也就难以对广告产生兴趣。一旦消费者对某类广告习以为常，就会出现"视而不见，听而不闻"，"熟视无睹"的条件性的非觉察现象，对广告刺激的反应也是淡漠的。好奇求变是人的天性，利用人们的求新求变心理做广告，很容易得到人们的注意。广告表现的新奇可以体现在多个方面，如采用新颖的广告形式，广告创意新颖独特等。在街头发放宣传单，这种宣传形式是济南三株实业有限公司的广告创举，这种宣传单在该媒体开发初期确实达到了很好的效果。三株口服液就是以宣传单为主要宣传媒体，在全国的各个角落，铺天盖地地发放，达到了很好的宣传效果。营销界对三株这一举措进行了形象的描述，"一张报纸打天下"，凭着在当时非常新颖的宣传单作为主要广告方式，创造了年销售额 80 多个亿的骄人战绩，创造了中国保健品市场上的一个奇迹。三株成功后，许多厂家特别是保健品、药品纷纷仿效，如今已成为许多企业惯常采用的广告宣传手段，在城市的闹市区，广告单页到处飞，不但起不到宣传效果，反而引起消费者的反感。美国一家企业也是请人在大街上发放宣传单，但每位促销小姐都牵着一条非常可爱的狼狗，这种牵着狼狗发放宣传单的举措，引起广大路人的注意，从而使发传单这种老掉牙的宣传方法再次成为受众的焦点，起到很好的宣传效果。2009 年 4 月 26 日，两名身着古装的妙龄女子出现在青岛最繁华的台东三路商业步行街头，向过往行人派发宣传资料，这是一家古装摄影楼在进行促销宣传，吸引了许多市民的注意。这都是新异刺激的注意效果。

需要说明的是，以广告促销的新异性引起刺激，不是越新奇越好。新异性引起人们的注意,是建立在人们理解和接受的基础上的。一则广告的表现,虽然很新异,但人们不理解,或从情感上无法接受,是难以引起消费者注意的,即使一时引起注意,也未必会达到促销的目的,甚至会贬损企业的形象。2007 年 12 月 16 日,中国(海南)国际热带农产品交易会在海南海口市举行。海交会成为商家促销的主战场,有的商家赠饮,有的商家试吃,有的公司把金发碧眼的俄罗斯姑娘请到了现场,甚至还有请"鬼怪"来帮忙,有媒体报道"海交会宣传出奇招鬼怪美女齐出动"。商家卖力地"鼓噪",消费者不为所动。广告的标新立异如果离开了广告对象的文化背景和固有观念,则会因得不到理解而被排斥。广告刺激的新异性过于离奇,哗众取宠,就会适得其反,事与愿违。

3. 使用动态与变化的刺激

动态或变化着的刺激比静止的物体更容易引起人们注意,这是生活给我们的经验,也是注意的基本规律之一。消费者对广告的注意也受到刺激物活动变化的影响。周围环境发生变化,或是活动的、多变的广告刺激,都易引起消费者的无意注意。在广告中就可以加进动态因素引起注意,如制作设计 Flash 广告。即使是在平面广告中,广告设计者仍在寻找可以产生动感的因素,如利用似动图形,使人产生似动错觉,让一个看似呆板的刺激变得生动并有吸引力。

广告表现的动态可分为渐变和突变两种形式。渐变是按一定的时间频率或空间位置有规律地连续变化,如霓虹灯广告有规律的闪动;突变是指突发性的、没有固定规则的变化,如广播广告中突然出现大的音响效果或将声音的大小与快慢结合起来产生抑扬顿挫的变化效果。

动态广告由于生动形象,立体感强,比静态广告更容易吸引受众注意。但在广告设计中要注意动态刺激的变化不宜过快,不要过于闪烁,否则会让受众眼花缭乱,造成识别困难,甚至引起眩晕的感觉。广告设计中可考虑动静结合。

4. 利用对比性刺激吸引注意

通过对比的形式,可以使对象的特点更加突出,更容易引起人们注意其与众不同的品质或特征,给受众留下深刻的印象。"万绿丛中一点红","于无声处听惊雷",鹤立鸡群,就是对比带给我们的鲜明感受。对比也是广告中常用的吸引受众注意的手法。

广告中的对比有颜色对比、声音对比、大小对比、空间对比、虚实对比、疏密对比、动静对比、功效对比、价格对比、数量对比等。这种对比既可以是自我对比(如新旧产品的对比),也可以是与其他品牌或想象的对手进行比较。有一种常用的广告对比形式是情境对比广告，通过对同种产品在不同时间、地点、使用方式、用途等方面的对比，强调该产品在多种情境下的适用范围，以图达到诱使消费者增加对该产品使用次数的目的。如大宝系列化妆品的广告，用小学教师、京剧演员、摄影记者、纺织女工等多种人物形象进行情境式对比，充分展示了这种产品的广泛适应性。

运用对比性刺激，要注意对比与调和的关系，不能因强调对比而破坏调和。这里所说的调和，既包括广告商品的调和，也包括广告本身整体的调和。如果因强调对比而影响到调和，就会损害商品本身的格调，也会损害广告的整体艺术性和整体形象，把一则完整的广告搞得支离破碎。另外，在和其他竞争对手的产品或服务进行对比时，不管采用明比还是暗比的方式，也不论和谁比，都必须公正公平等。最好的对比应该是既无损于人，又有利于己。特别是要避免刻意去贬低别人抬高自己的做法，对比描述要尽可能做得隐蔽一些，巧妙一些，表露得模糊一些，以免被视为不当竞争。

5. 运用色彩吸引注意

运用色彩吸引注意是广为采用的广告策略。一般来讲，彩色广告比黑白广告更容易吸引注意。美国学者 T.B. 斯坦利在研究色彩在广告中的作用时归纳出 7 个方面，其中，第一个作用就是色彩能很好地吸引人们对广告的注意力。从彩色广告与黑白广告的对比看，色彩的确可以得到更多受众的注意。日本新闻协会做过的研究表明，同样版面的彩色广告，其注意率比黑白广告增加 10%，注意时间也提高 2 倍以上。

运用色彩增加人们对广告的注意，要考虑运用较多的色彩品种。美国广告学者 D. 斯塔奇曾对美国《生活》和《星期六晚邮报》两种刊物的 7 种产品的 3819 则广告做调查，调查发现，色彩品种太少不一定比黑白广告更能吸引受众注意，但当色彩种类增多时，其效果就会变得显著。若把黑白广告的注意值定为 100，受众对彩色广告的注意值见表 4–1。

表 4–1　受众对彩色广告的注意值

广告颜色	半页广告	全页广告	双页广告
双色广告	110	97	105
四色广告	185	153	150

不同色彩的组合也会产生不同的视觉效果，广告中恰当运用色彩对比可以产生强烈的视觉冲击力，引起受众注意。这方面常使用的方法是利用不同色差颜色的对比和不同色相的明暗对比。黑白广告的恰当运用

有时也会产生引人注目的效果。这就是颜色对比广告手法的运用。

（二）利用广告时空位置效应吸引注意

广告信息的位置反映广告刺激的时空特性。广告信息的位置分为空间位置和时间位置。印刷媒体广告的空间位置指的是印刷广告的版面位置。视听媒介广告的时间位置指广告播出的不同时段。不同位置广告产生的注意效果有很大的差异。不同传播媒介都有其最佳的广告位置，这是广告传播必须考虑的。了解了广告的时空位置效应，对我们科学安排广告刊播时间和空间有实际指导意义。下面具体分析报纸广告、杂志广告、影视广播广告的不同位置对注意的影响。

报纸广告。位于报纸上部分的报纸广告比位于报纸下部分的广告更容易引起读者的注意，位于头版的广告比其他版次的广告注意率更高。在同一版面内，根据读者的视线流动规律，注意力值左比右大，上比下大，中间比上下大。从人的阅读习惯来看，东方人对印刷品的阅读习惯从左到右，因而左页比右页能产生更大的注意值。根据这一认知规律，广告的标题等关键性信息应尽可能安排在印刷媒介的左上方；如果以整版的注意率为 100%，则同一版中不同位置的广告注意率不同（图 4-1）。

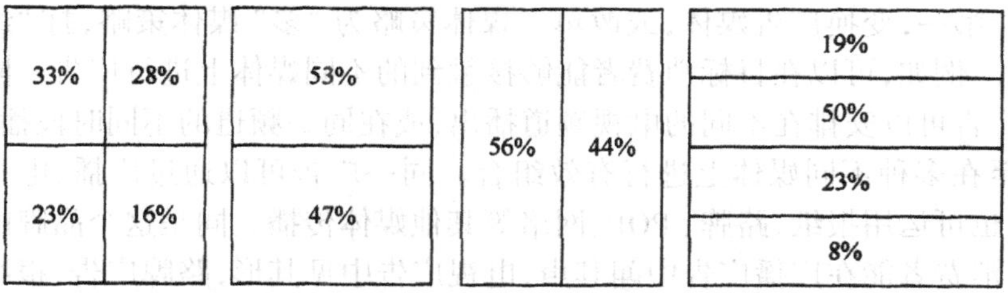

图 4-1　同一版中不同位置的广告注意率

杂志广告。如果把最高注意值定为 100，则不同位置广告的注意值分别为：封面 100，封底 95，封二 90，封三 80，内页 50。由此可见，相对突出位置的广告能获得较高的注意，处于内页位置的广告，其注意的效果要差得多。而且即使广告刊登在内页，也需要刊登在有影响的文章旁边。此外，广告信息的空间位置还可以从一则广告内文字、图画内容在广告画面中的位置这个角度来理解，这样，广告的画面上就出现了空白和非空白的空间。许多广告正是利用这种空间的对比增强广告的注意效果。美国广告专家斯塔奇认为，要引起注意，广告配置图画或口号的最恰当地方在以下几处：视觉中心、视觉分配线上部、视觉分配线下部、近上端部分、近下端部分。

广告的时间位置，以电视、广播广告为例。电视广告、广播广告播出时段不同，注意率也不同。通常在收视率、收听率高的黄金时段播出的广告更易被注意。这也就是为什么商家在每年央视黄金时段广告标王的争夺中“一掷千金”“竞争惨烈”。电视广告一般在正式节目播出前播放效果较好，节目结束后次之。插播广告中，首播和末播的效果最好。

（三）适当进行广告重复

适当进行广告重复，有利于吸引消费者的注意力，并可提高产品知名度。广告重复包括广告出现频率的增多和同一广告中主题的重复。广告出现频率的提高，会增加消费者对广告注意的机会。在同一广告中适时地重复强调主题，能使消费者保持对广告注意的稳定性。正因如此，在广告活动中，许多商家惯用所谓“地毯式轰炸”的广告传播手法。但是，这种做法也面临不小的风险。如前所述，过度地重复，特别是在同一媒体上过度地重复广告，会让消费者产生感觉适应，出现习惯性的淡漠现象，而且很容易产生厌烦和抵触情绪，不利于提高品牌形象。因此，广告的重复又不可过度。广告的重复也不一定非得是同一则广告在同一媒体上不断重复，这里也要讲求策略，可以适时做些变化和调整。具体来说可以考虑以下方略：

第一，变换广告媒体，或改单一媒体策略为“多”媒体策略，打“组合拳”。例如，可以在目标消费者能够接触到的不同媒体上进行广告。同一则广告可以安排在不同的电视频道播出，或在同一频道的不同时段播出，甚至在多种不同媒体上进行有效组合。同一广告可以通过广播、电视表达，也可运用报纸、路牌、POP、网络等其他媒体传播。同是这个品牌的广告，消费者能在广播广告中闻其声，电视广告中见其形，路牌广告、报纸杂志中见其文（文案），这种“多管齐下”的全方位的“立体式轰炸”，可以给消费者以多通道的刺激信息，可以调动消费者的多种感官参与其中，有利于吸引消费者的注意，加深消费者对其的印象。这种通过媒体的不同变换发动的“立体广告攻势”，既强化了广告重复的效果，达到了广告重复的目的，又可以避免重复广告的负面效果，还可以在消费者心目中树立品牌“强势”的形象，提高产品的知名度。

第二，变换广告主题，围绕某一诉求主题制作主题系列广告。如海王银得菲推出的“关键时刻，怎能感冒”这一主题，制作了《生日蜡烛篇》《求婚篇》《中奖篇》《理发篇》，既重复了广告的主题，保持消费者的注意力，又不让消费者厌烦，满足消费者求新求异的心理需求。在使用这种策略时，须注意保持广告诉求主题的一致，这样才能维护消费者心目中的品牌形象。

（四）以广告的艺术性吸引受众注意

好的广告应是科学性和艺术性的完美统一。增强广告的艺术性，也有助于增强广告的吸引力。美的东西会首先被人们注意，对美的追求是人类的一种天性，而艺术可以给人们带来美的享受，可以满足人们的审美需要。增强广告的艺术性，使消费者产生美感，满足了消费者对美的追求，自然可以吸引他们的注意。广告的艺术加工，包括创造完美有效的色调、字体、造型、构图、言辞和意境等。广告的艺术性应是创意新颖、不落俗套；表现技巧精湛，声音、图像、文字配合得当，画面优美，色彩亮丽，辅以动听的广告乐曲，富有趣味的故事情节，恰当的人物模特表现等，都能调动人的情绪，吸引人的注意。在这方面，出人意料、生动有趣的广告表现形式（如采用广播小品或电视小品，网络 Flash 动画等）；寓意丰富、别具一格的广告标题；活泼生动、富有幽默感的广告语言；赏心悦目、情调高雅的广告画面等，都能产生较强的吸引力，使受众有个愉悦的心情，获得艺术美的享受。同时，经过艺术加工的广告，如利用色彩的远近感、构图虚实疏密的处理等手法，可以使推介的商品具有较强的真实感和立体感，广告的主题更加鲜明突出，从而可以更好地吸引受众注意。

（五）借力社会热点事件，吸引受众注意

不同时间人们关注的社会热点事件是不同的。广告如果能敏锐地捕捉公众关注的焦点，把自己的产品与社会热点巧妙地联系起来，“借势用势”，确实不失为一种吸引媒体和受众注意的有效方略。

蒙牛乳业可谓是近些年来国内迅速成长起来的食品企业，在当今群雄并起、硝烟弥漫的乳业激烈竞争中，蒙牛一路狂奔，在短短四五年间以年均 365% 的增长速度，一举坐上行业的第二把交椅，成绩斐然，有目共睹。熟悉蒙牛市场操作的人都知道，蒙牛不愧为借力社会热点事件吸引受众注意力的高手。2003 年 4 月中国发生了史无前例的“非典”疫情，当全国的大部分企业在为“非典”肆虐导致销售额急剧下滑而发愁的时候，蒙牛加大公益广告投放力度，并率先为抗击“非典”捐款、捐物 1000 万元，拔得头筹，获得了广大消费者对其崇高的赞誉。2003 年 10 月 12 日中国成功地发射了“神舟五号”载人航天飞船升空，全世界为之关注，蒙牛就恰在这个时候大力宣传“中国航天员的专用牛奶”，且到处发布“举起你的手，为中国航天喝彩！”的广告宣传，正是这句话唤出了中国人民的自豪感，使全国人民为之一震。10 月 16 日 6 时 23 分，神舟五号在蒙牛的故乡——内蒙古大草原安全着陆后，上午 10 点，关于蒙牛产品的电视广告和户外广告实现“成功对接”，北京的公交车站全部换上蒙牛的新装，消费者突然一下子被蒙牛的标语和画面重重包围。而这次才1500万元的总体花费，将这场吸引受众眼球的经典的借力营销演绎得淋漓尽致，博得了一个满堂彩。

利用社会热点事件借力营销时必须注意，只有在自己的产品与社会热点的关联度较大时，才能把受众的注意力由社会热点事件顺利迁移到广告产品上。如果产品与社会热点事件关系不密切，就难以达到预期的目的。这里需要有好的创意，不能给人以牵强附会和生硬的感觉。

（六）用悬念广告吸引消费者注意

悬念，是叙事性文学常用的一种表现手法，到了某个关头，故意停住，设下卡子，对矛盾不加解决，让读者对情节、对人物牵肠挂肚，以达到吸引读者的目的。最后通过解悬，使读者恍然大悟或顿开茅塞，产生强烈的艺术感受。设置悬念是中国古代章回小说的惯用创作手法。

悬念型广告是指广告信息是通过系列广告逐渐完善与充实的。由于这种信息的不完善，刺激了消费者的探究欲，并为他们留下了充分的想象空间，消费者由此可能更加关注并寻找信息和线索，使消费者从不自觉的被动状态转为自觉的主动状态，并积极展开想象去解开悬念。这个过程使消费者乐在其中，并可以使广告的作用时间在消费者头脑中得以延长，加深印象，同时消费者想象的作用，相对延伸扩大了广告的信息量。悬念广告的始发信息常以提问的方式，或者直接突出其带有特色的信息。在报刊广告中，这种悬念常大片留空。这些特点引起的一个直接心理效果是受众的好奇心。在好奇心的驱使下，受众可能更加注意去寻找信息或信息的线索，这无疑有利于无意注意向有意注意的转化，并加深对已给信息的记忆。鉴于始发的悬念广告信息十分有限，根本不足以满足好奇心和求知欲，因而就形成了一种动机，趋向于对该系列的下一次广告，这就是所说的定向活动。由此发展，受众对该系列广告信息就会努力地进行精细加工。可见，悬念广告是符合受众的认知规律的。

2011年新年伊始，城市的许多公交站牌出现同一个灯箱广告——黑色的背景下没有任何商标标注，也没有产品的介绍宣传，只有一句醒目的话：“ROY是谁？”外加一个科技感十足的机器人酷酷地躺在上面。一时间，引起人们的不断猜想——这广告客户是谁？到底这个ROY是谁？几周以后，ROY公交站的广告牌已经全面更新，随着第二幅广告出现，“ROY是谁？”的答案也揭晓了，画面中除了ROY和那个机器人外增加了“中国2010年上海世博会指定卫浴产品供应商”的字眼及世博会中国馆。原来,这个让人议论纷纷,想来想去也想不到是什么的广告是来自德国的一个卫浴品牌——ROY 卫浴,中文名“乐伊”,并且是“中国 2010 年上海世博会指定卫浴产品供应商”。这种密集的公交车站的地面推广 + 悬念式的营销,让许许多多的城市中人见到它就会开始思考 ROY 是谁?而最奇特的是,很多人事后还在 BBS 或者 Blog 上探讨这个 ROY 广告,并且上传拍到的这个奇怪的路牌广告图片,这又利用了广告的“悬念”成功地进行了二次传播。可以说,这个广告策划是成功的,至少现在提到卫浴产品,我们知道了一个来自德国的卫浴品牌,名叫 ROY,中文名“乐伊”。

悬念广告有三种表现方式:一悬一答式——即这一次设出悬念,下一次解答悬念;一悬多答式——即这一次设出悬念,接下来几次分批解答悬念;多悬一答式——即在一个阶段内,围绕一个主题分批设出悬念,最后集中解答悬念。设置悬念广告,应注意以下几个要点:一是内容必须让人感兴趣,才会引起关注。事不关己,高高挂起,如传播的内容与当时社会所关注的焦点相去甚远,就不能引起人们的兴趣与关注,就不可能实现预期目的。二是要有故事情节,才能引发读者共鸣。引人入胜,才会引人探究。一则没有故事情节的广告,就好像一场没有悬念的电影,最多博观众一笑。只有精彩的故事情节,才会引起受众的关注与共鸣。三是“悬念”设置要恰到好处,应尽量做到巧妙、自然,才能引发读者足够兴趣。有的悬念式广告无法引起读者关注,没有悬念可言。所谓的“悬念”一看就明,连三岁小孩都“蒙骗”不了,自然就不会引起大家关注。有的则是无病呻吟,“悬念”过头,给人以生硬和故弄玄虚之感,让人看了大倒胃口。这样的“悬念”不仅不能达到目的,甚至还会弄巧成拙,令读者反感。悬念要“顺其自然”,如果为了“悬念”而人为设置悬念,可能会适得其反。四是时间上要把握“火候”,才能吊足受众胃口。科学实验表明,人的好奇欲望在接受该事物 3 ~ 5 次范围内达到最佳点。一个人的好奇心,也即常说的“吊胃口”是有一定限度的。“吊胃口”时间太短,不能激发好奇心理,达不到应有效果;“吊胃口”时间太长,会让受众失去兴趣和耐心,得不偿失。物极必反,只有把握恰到好处的“悬念时间”,才会收到最好的悬念效果。

第二节　想象与广告创意

广告的创意离不开想象,展开公众的自我想象是激活自我对未知追求最热切的动机,让公众将广告中的产品作为展示其物质自我的重要载体。让公众在毫无心理阻抗的情境中接受广告的宣传,离不开心理的暗示。本节的主要内容在于探讨广告的想象与暗示原理以及广告设计者如何应用想象与暗示去激活自我认识,唤醒公众利用产品达到最佳自我展示的社会行为。

一、广告中的想象

广告创意活动就是根据广告的主题设计一系列能激活公众对广告内容产生丰富想象的情境,广告创意追求在广告内容中让公众建立意料不到的新的想象。广告与公众的内在需求相结合,不仅能更好地创造新颖独特的想象,又能激活公众的自我知觉,使广告素材与公众的自我形象之间达到完美的结合,广告离不开想象,这里主要介绍想象的含义与种类。

(一)什么是想象

想象是人脑对已有表象进行认知加工,创造新形象的过程。人能够根据外界事物的特性及口头、书面文字的描述或某些象形符号就可以在大脑中形成没有感知过的事物的形象。例如,在现实生活的世界里是不可能有美人鱼的,但人们通过对鱼及人的体形的联想和想象也能在大脑中产生栩栩如生的美人鱼的形象。

想象是过去经验中已经形成的记忆表象在脑中进行新结合的过程。广告的特色就是在创意过程中通过设计新颖、独特的图形、文字符号甚至是某些情景来激活人脑中的经验表象,使其在事物之间发生联想。例如,一个个体商贩开了一家腊肉店,招牌上写着“人和腊味店”,上门的顾客肯定寥寥无几,因为客人通过联想产生了想象,“人”和“腌肉”一起使人联想到孙二娘卖人肉包子,卖不完的人肉还做成了“腊味”,尽管肉确实是猪肉,但总是使顾客听起来感到别扭,甚至不敢去光顾该商店。相反假如卖梅子的厂商在其商品袋上标识“酸酸甜甜,情同初恋”的广告语,则会使顾客盈门。这是因为许多青年人通过联想激活了初恋的回忆,将自己带入初恋的美好想象中,吃起来自然是回味无穷。因此厂家把杨梅加工好后冠以“情人梅”“话梅”等商标更能激发顾客的积极想象,促使该产品在市场中热销。

（二）想象的分类

想象由于分类的依据不同,有不同的分类方法。根据有无目的性可以分为有意想象和无意想象;根据内容的新颖独特及思维的发散与否可分为再造想象与创造想象;根据内容符合现实的程度可分为幻想、理想与空想等。

1. 无意想象和有意想象

无意想象是没有特定的目的、不由自主的想象。如看到蓝天上的白云会将它想象成某种动物,看到字母“m”想象为妹妹、钱或拱形桥等都是无意想象。影响无意想象的主观因素是已有的知识经验、表象的储备量、个体的需要、潜意识的动机、定势与习惯性思维、情绪及兴趣爱好等。如上文提到的“人和腊味店”引起的就是消费者的无意想象。尽管商人希望天时、地利、人和,能和气生财,而顾客却产生“人肉”的无意想象。

有意想象是个体自觉地提出想象任务,根据自己的意向,有目的、有意识地进行想象。它有一定的预见性、方向性,人们在想象过程中会控制想象的方向和内容。例如C,英语系的同学会有意识地想象它代表英语字母,而汉语系的同学想象为汉语拼音,化学系同学想象为碳,音乐系同学想象为音调等。广告创意要引发人们的有意想象,必须根据某种商品的特性来塑造其形象。观念广告是通过提倡或灌输某种观念和意见,试图引导或转变公众的看法,影响公众的态度和行为,传播社会潮流的某个倾向或热点,因此常根据当时的社会潮流或公众的心态来设计。如改变男性的消费观念,让男性能更好地珍爱自己,男性的服装广告就用上了“男人就是要对自己狠一点”,在花钱上形成新的消费观;而对女性的广告为了强调女性的美感或性感,则用上了“做女人挺好”的广告词。利用消费者的某种心态来设计广告,可以有力地促进商品的销售,也可以使公众产生新的行为及潮流,如让男同志走进厨房,承担一定的家务,广告语是“男人下厨房,绝对新时尚”。影响有意想象的主观条件是目的任务、意志努力、社会性需要、间接兴趣等。

2. 再造想象和创造想象

再造想象是依据词语描述或图表描绘,在人脑中产生新形象的过程。消费者在欣赏广告时,再现广告创意者构思的形象就是再造想象。例如,男性的服装品牌如七匹狼使消费者能再遣广告设计者的阳刚雄霸的男性形象。又如,云南的商品广告多根据民族特色来设计,有些品牌喜欢用石林、阿诗玛、五朵金花等,其用意就在于激活消费者对民族少女的联想,形成民族少女美丽纯情的形象,产生对该商品的移情。

要激活受众的再造想象,广告设计应注意下列问题:一是刺激物(言语、图表、标识等)是否鲜明、生动、形象,如儿童动画片《黑猫警长》将警察与小偷的关系生动形象地在猫与老鼠的类比中显现出来;二是消费者旧表象的丰富与深刻程度;三是消费者能否正确理解言语、图表,标识等实物标志的意义,如,不同的人对宝马的BMW的标志理解就不一样,有些人认为B是老板,M是金钱,W是美女,这种与商标本意不符的理解势必造成某些消极的想象;四是消费者的文化背景与心理差异,如东方人的思维是间接致思,广告设计应该含蓄,给予自由的想象空间,而西方人的思维是直接致思,广告设计需要直截了当,开门见山。再造想象可以借某些名胜、传奇来进行,如阿里山瓜子、富士彩色胶卷、嫦娥卫星的广告设计者通过阿里山、富士山及嫦娥的标识引发消费者的积极想象。

创造想象是在刺激物的作用下,人脑创造性地利用已有表象形成新颖独特的形象的过程,如猪八戒是创造想象的产物,通过猪的头和人的身体表象组合创造形成新形象。广告创意需要创造想象,要求设计者在创作过程中构思出新颖、独特、具有重大社会价值的形象。影响创造想象的因素很多,主要有:

(1)创造动机。求新、求异、求变是人类与生俱来的探究倾向,也是推动人们进行创造性活动的内在动因。广告设计者应具有创新意识,形成创造定势。

(2)原型。原型启发在创造想象中发挥关键作用。原型与某些事物之间具有符号象征的作用,通过联想可以在相似的事物之间产生想象,如,豹子与摩托车的速度极易发生联想,该类产品就喜欢用猎豹、飞豹来作商标。

有一则环境保护的广告就很好地利用了原型,首先在画面上出现乱砍滥伐,水土流失,动物流离失所的情景,然后打出广告词:千山鸟飞绝,万径人踪灭,假如不好好地保护生态,若干年后人类将没有任何生物与之相伴。它借助原型,寓意深刻,意味深长。

(3)思维。想象与思维不可分割,只有通过积极的思维活动,才有可能产生独特、新颖、有益于社会的想象。广告设计者应突破常规思维的陋习,不可过多应用求同思维,而应该使思维更加发散、流畅,才能使广告别出心裁,独树一帜。

(4)灵感。灵感是一种最富有创造性的、高度紧张的精神力量与心理状态，它是在潜意识中酝酿而成，突然飞跃于意识之中的一种心理现象。激发灵感的因素有内外两个方面。其一有来自外界偶然机遇，如思想点化，这种灵感的触发信息是在阅读或交谈中偶然得到的某种闪光的思想提示。如对过去的观点“只要金子都是会发光的”形成新的思想意识“闪光的未必都是金子”。又如原型启示，即某种形象之间的灵感触动，如阿基米德在洗澡时得出浮力定律。有情景感发，这种情形主要发生在艺术的灵感中，它是一种气氛情境，置于某种情景自然诱发出想象，某些名牌效应就是情景诱发的想象，像LV、香奈儿、天伦儿等。还有内部积淀的意识，如无意遐想、潜意识活动中的潜知闪现、潜能激发、创造性梦幻和下意识的直觉思维等。在某些灾害来临时必然会带来潜意识中对人性的思考，如汶川地震中的“猪坚强”、日本地震的“狗坚强”是人类在面对自然灾害产生的对人类脆弱的无意识思考。

广告的设计不是素材的堆积，更不是信息符号的滥用，它需要将人引入某些想象的境界中去。

二、想象在广告中的应用

广告创作需要想象，而激起消费者的共鸣与认可，同样需要引发消费者对广告内容的想象。心理咨询诊所为了吸引来访者，激发其对人性与内在心理的想象，其广告切中来访者的内在需求：“来这里吧，欺骗你的人太多！心理学研究表明，恋爱男女之间的海誓山盟有60%纯粹是谎言！也许你亲密的人甚至包括你自己都在欺骗自己，而在这里，我们俩的每一次对话都是最真诚、最真实的！”这是让来访者想象人世间的冷暖与狡诈，激起来访者回到自我空间的真实诉求。

（一）广告创作中的创造想象

创造想象具有独创性、独立性和新颖性的特征，产生良好的创造想象需要具备一定的能力。

1.丰富的经验与表象储备

巧妇难为无米之炊。一个广告创作者若没有一定的感情经验和社会生活阅历的积累，不可能形成新颖独特的广告创意。人的经验来源于生活，来源于我们的现实世界。对生活、对周围世界精心洞察，用心体验，才能形成新颖的、深入人心的广告内容。

当前的独生子女教育是一种“保护教育”，父母包办代替，不让孩子经受一点点挫折、痛苦，这种教育将是一种毒害儿童心灵的教育，为了改变这种教育理念,公益广告设计为:在母鸡孵化小鸡的过程中,一个小男孩看见一只小鸡即将从鸡蛋里破壳而出,但稚嫩的小鸡在挤破蛋壳时非常痛苦,小男孩实在不忍心让小鸡经历那么痛苦的过程,便动手帮助小鸡剥开了蛋壳,小鸡没有经历痛苦便出来了。十几天后,人们发现这只小鸡与其他小鸡不一样,它臃肿肥胖,行走不便,觅食困难。父母们通过这一广告可以激起想象,明白没有经历磨难与挫折的小孩不可能成为一个健康而又有成就的人。这则广告既形象生动,又寓意深刻,给人以启迪。

2. 探索问题的敏锐性

要形成好的广告创意,需要敏锐地探索问题。不同的广告与不同的消费者的想象有密切联系,因为当我们知觉事物的直观形象时,被感知对象的特征会与我们的观念、需要、偏好、自我知觉、人格动机等心理内容发生类化,出现符合自我知觉或自我需要的想象。

3. 转移经验的能力

这一能力是指能把解决某个问题取得的经验,转移到解决类似的其他问题中去。在广告创意过程中需要转移经验,洞察广告内容与消费者想象间的关系,产生鲜明生动的具体表象。如中国的卫星发射常用嫦娥来命名,这极易激发人类梦寐以求的想象,即登上月球,探究外星球的奥秘。

4. 形象思维能力

形象思维是凭借事物的具体形象和表象的联想来进行的思维活动,要形成形象思维,其广告内容要有一定的联系性,毫无关联的几个表象只能是图片的堆积。创造想象的基础是形象思维,只有把经验中的表象重新组织、编码、加工,才能创造出新颖独特并具有一定的内在逻辑的想象。广告创意应该注意形象思维,广告的画面之间必须有内在的、实质性的联系,否则观众很难再现广告的形象。有这样一则电视广告:几个青春靓丽的少女念着“苹果熟了,苹果熟了”,而推销的是电器产品,让人无论如何也联想不到苹果熟了和 VCD 的出厂到底有什么关系。这种缺乏创意的广告,非要把美丽的少女和冷冰冰的电器商品拼在一起,给人一种不伦不类的感觉。

5. 预见能力

预见能力是通过想象来推测未来的能力。人类自古以来就倾向于预测未来,法国著名科学幻想作家儒勒·凡尔纳被誉为能想象出半个世纪甚至一个世纪以后才能出现的最惊人科学成就的预言家,他在作品中想象的电视、直升飞机、潜水艇及导弹在一百年后的今天已成为现实。广告创意需要预见，预测广告中的商品投入市场的未来前景，最易接受该商品的潜在消费人群，如何促成本商品的流行等。对消费者消费心理的变化作出预测，引导消费者的消费理念、消费倾向，做好计划预测，管理与调控对消费者心态的预测是广告创意取得成功极为关键的一步。因为消费者的行为不都是理性的，有时是盲目的甚至是非理性的，利用好这一点，在广告中预测到观众的心态是造成产品流行的最好商机。

6. 运用语言的能力

语言是一门艺术，是广告中非常重要的艺术。首先，我们在广告设计中有目的、有意识地利用文字、图片、符号、动作等无声语言和有声语言的结合，能够劝服对象改变或形成某种心理与行为。康佳彩电的一则广告就说明了这一点。当电视机已在城市达到饱和的时候，就需要扩大消费人群，使之进入农村的千家万户。广告宣传的对象是农民，其广告词特别简洁："康佳彩霸，牛！"这符合农民群体的语言特色，鲜明地体现了传播学中对谁说、怎么说和说什么的问题。

其次，语言活动要符合逻辑推理，考虑其内在的连贯性，不要让观众产生偏离广告宣传的想象。如，新飞冰箱广告词："新飞广告做得好，不如新飞冰箱好。"消费者听后觉得，既然新飞广告没有冰箱好，你做广告干什么呢？一个公司连一个广告都做不好，其产品的质量会怎么样呢？这些容易出现逻辑矛盾的广告词，会使观众对产品的可信度产生怀疑，降低广告的说服力。

再次，语言活动具有社会性与地域性。语言是人类特有的社会现象，每一个民族、每一个地域都有自己的语言风格。云南盛产马铃薯（中原及东北地区叫土豆），制作的土豆片风味独特，但起初的广告词"吃洋芋长子弟"很难被省外人所理解，因而很难在省外市场打开销路（在云南方言中，"洋芋"指土豆，"子弟"是漂亮、潇洒、英俊、健康的意思）。随着商品流通的全球化，一个企业可能在不同地区都有自己的经销商，因此广告、包装、品牌标识必须考虑不同地域人群的语言特殊性问题。

（二）广告中的联想应用

广告创意同样需要联想，联想是指客观事物之间的某种联系反映在人脑中，形成心理意象之间的联系，如一提到"母亲"人们就自然而然地想起"婴儿"。因此，在空间和时间上同时出现或相继出现，在特征、特性或意义上相似或相反的事物都会在心理上建立联系，只要其中一个事物出现，就会在人脑中产生另一个事物的表象，这就是联想，例如“洗心”很容易使人联想到“革面”。

在广告设计中，广告的主题需要由语言、文字、图形符号或事物形象甚至某种韵律来实现，在设计中要注意联想的规律对观众心目中广告主题的再现作用。

1. 联想规律在广告设计中的运用

联想最早是亚里士多德提出来的，心理学认为联想可以分为接近联想、对比联想、相似联想及因果联想。

（1）接近联想。接近联想是指由一事物联想到空间上或时间上与之相接近的事物，如从粉笔很容易联想到黑板，由“九一八”很容易联想到日本侵华所造成的灾难。广告设计中要注意接近联想，有一家超市希望图个吉利，将其超市命名为九一八，原想“就要发”，而顾客则很容易联想到日本的侵华战争，没开几天就倒闭了。

（2）对比联想。对比联想是由某一事物的表象使人回忆起具有相反特征的事物，如白昼与黑夜，善良与邪恶，是与非，爱与恨等。广告设计常常采用对比联想来达到对比与反差的效果，例如，“黑妹”牙膏的广告商巧妙地利用了对比联想，用“皮肤的黑”衬托出牙齿的白。

（3）相似联想。相似联想是由事物的特征相同或相似很容易由某一事物联想到另一事物，如，由春暖花开的景色很容易联想到情窦初开的少男少女。在广告设计中要将商品的某些特征与其同类的事物联系起来，使人由熟知的事物联想到广告的商品，即所谓“记得绿罗裙，处处怜芳草”。如，品牌“七匹狼”很容易使人联想到男性的刚猛、坚韧及彪悍的气质；由“大白兔”奶糖则很容易使人联想到幼儿的活泼、可爱及乖巧听话。

（4）因果联想。因果联想是在事物之间存在某种因果逻辑关系，人很容易由于某一事物的出现而联想到具有因果关系的另一事物。如由房地产开发商很容易联想到房奴。因果联想在广告设计中的应用非常广泛，客观事物的内在逻辑联系可以使人预见到另一事物的出现，这些事物的相继出现不但存在必然性，而且存在内在的逻辑性，广告可以利用这一特性，抓住不同群体的心理来实施广告宣传。例如，成熟的女性会因为产品使用贵妃、嫦娥等品牌而联想到雍容华贵、富丽堂皇，但青春少女则会联想到老土、不时髦、不新潮，对其应采用具有浓郁的现代气息的品牌。

2. 广告设计应注意选取联想的素材

联想的心理成分是表象，它可以借助语言符号、具体事物，甚至是姿势与形状等刺激在人脑中建构新的表象，正确利用表象是非常重要的。

一个事物可能引起多种联想，如狐狸可以是娇媚的女性联想，也可以是装腔作势、卖弄虚荣的狐假虎威。理解制约联想的因素对于广告设计有重要意义，广告设计可以充分利用场景、意境、颜色、花卉、音调、线条及形状来达到联想的效果。

第三节 广告表现的心理研究

一、视觉表现的心理效应

图形、色彩和布局构图是各类广告作品视觉元素的三个主要组成成分，各类成分对消费者的心理效应和影响不同。这里重点讨论一下图形和色彩的心理功能。

（一）图形的心理效应

广告图形在印刷媒体上常称为插图，在电视媒体上有时称为画面，有时称为图像。插图是静态的，图像一般是动态的。插图和图像在一则广告中具有某些相同的功能，但也存在着某些差异。

1. 吸引和维持受众的注意力

国外有一家化妆品公司曾以一张普通的黑白广告和一张相同图案的彩色广告进行注意效果程度差异的调查。其结论是，两幅广告中，最引人注意的地方同样是商品的照片，彩色印刷广告的注意率达 84.1%，黑白印刷广告的注意率为 46%。文案部分注意率都比较低，注意率最低的是文字标题，彩色印刷广告的注意率为 7%，黑白广告第一眼注意标题的几乎为零。

广告插图易于引起读者的注意，广告艺术顾问安辛·阿姆斯特朗把插图的这一作用称为"突然袭击"，并对其作如下描述："假设你的读者正在小心谨慎地阅读杂志。他从心理上对一切广告都感到天生的厌烦。在他的缓慢阅读过程中，你为他设置了一个突然的陷阱——让他面临一个突然的断崖绝壁而茫然无措。他急忙悬崖勒马，失去了平衡而险些一头栽下去。他手足无措，终于像爱丽丝掉进兔窝那样地跌入深渊。在那里他却发现了简单的真理而马上掌握了它——这是他从前未见到过的。这就是怎样让他跌下去并跟着你爬上来的办法。"

图像能够维持观众注意，其原因有三个方面：首先，图像提供了丰富的视觉刺激，因而能有效地把观众的注意力从别的方面吸引过来。心理学的研究表明，人需要适当的刺激量才能维持注意状态，当人面临的情境刺激量太小时，就容易分心或疲劳。其次，图像能适当地满足观众娱乐欣赏的需要。观众观看电视节目往往是带有某种目的的，如消遣娱乐，欣赏一些美妙的景物等。只要节目能满足他们的需要，他们就会认真地观看欣赏。商业电视广告一般只有15秒钟或30秒钟，在这短短的时间里，投入广告的人力财力往往要比电视上其他节目高得多，因而画面视觉效果比较理想，具有较强的吸引力。最后，图像提供不断变化的刺激。对变化的刺激感兴趣，是动物都具有的本能，人类也不例外。

2. 强化受众对语言信息的理解和记忆

广告向受众传递情报性信息主要是借助于广告语言来实现的。通过广告语言，广告主能够向受众比较详细地描述商品的性能、用途、质量等各方面情况，为广大消费者提供确切的信息。我国心理学家彭聃龄等人在一项研究中探讨了电视图像对观众理解记忆节目内容的影响。他们以电视新闻为材料，比较了图像加声音的电视呈现方式和只有声音没有图像的广播呈现方式的记忆效果。结果发现，不管是采用自由回忆，还是采用提示回忆，被试对电视呈现方式的记忆水平都高于广播呈现方式。这说明图像促进了受众对电视传播内容的理解记忆。

画面强化广告语言信息记忆的心理机制有二：其一，广告语言与画面中特定的人物、景物由于同时或连续呈现，受众会产生联想记忆。这样，那些比较容易记住的人物、景物便可能成为广告语言的有效提取线索。其二（针对电视广告而言），图像与语言表达内容相同时，它们同时刺激人的视觉和听觉器官，信息分别由视觉系统和听觉系统进入记忆系统，因而达到双重编码的功效，所以记忆效果比较好。

3. 起边缘说服作用

据广告心理学家佩蒂和卡西奥波的观点，广告说服有两条线路，即中心线路和边缘线路。广告画面能作为说服的中心线索负载某些情报性信息，达到中心线路说服的作用。但是相对而言，广告画面更主要是作为边缘线索起边缘说服作用。边缘说服是指运用非论据性的信息如使用有吸引力的人物、展示精美的包装或配上悦耳的音乐等，使受众将对这些边缘线索产生的情感或态度直接迁移到广告品牌或广告主上，即所谓的爱屋及乌。例如，在动感地带广告中，观众可能因为对明星周杰伦有良好的印象，因而对动感地带产生良好的评价。不过，大量研究表明，边缘说服作用只是暂时的，随着时间的推移，这种作用将逐渐消减。

（二）广告色彩的心理效应

颜色是光波作用于人的眼睛所引起的视觉经验。广义的颜色包括无彩色（白色、黑色和各种不同程度的灰色）和彩色（红、橙、黄、绿、青、蓝、紫）；狭义的颜色仅指彩色。在电子技术和印刷技术高度发展的今天，彩色在广告中的运用已经相当普遍。

从彩色广告与黑白广告的对比研究情形来看，彩色的确有助于提高广告的吸引力，使广告得到更多受众的注意。日本新闻协会 1975 年的研究表明，同样版面的彩色广告，其注意率比黑白广告增加 10%，注意时间和记忆效果也提高两倍以上。

在彩色被运用于广告之后，人们一直就很重视彩色的作用及彩色运用效果的研究。美国广告学家 T.B. 斯坦利曾经归纳认为彩色在广告中具有如下作用：吸引人们对广告的注意力；完全真实地反映人、物和景；强调产品和宣传内容的特定部位；表明销售魅力中的抽象质量；使广告在第一眼就给人以良好印象；为产品、劳务和广告主本身树立威信；给人们记忆里留下更深的印象。

罗斯伯格研究也发现，彩色广告能引起更多人的注意。但是如果把广告费也考虑进去，以每元为单位计算，彩色广告则不如黑白广告有效。不过，另有一项研究则发现，四色广告的成本比黑白广告高出 50%，但通常它们的记忆度高出 100%。上述研究可以看出，彩色广告总的来说比黑白广告能达到更好的注意和记忆效果。不过值得注意的是，黑白广告的适当运用有时也会达到彩色广告所不能及的引人注目的效果。根据强烈的对比反差能吸引人们注意的原理，在大多数广告都是彩色广告的时候，以黑白为基调的广告就容易“鹤立鸡群”。

颜色具有使人产生某种心理联想和唤起某种情感的作用，这是人们常常在特定情况下使用特定色彩，或者在特定的颜色情境中经常发生某些带有情感色彩的事所造成的心理联想关系。一般来说，每一种颜色都与一些相应的情感相联系。白色一般会使人想到清洁、纯洁、神圣、诚实。少女穿上白色的服装会给人纯洁的感觉。但在中国的许多地方，送葬时穿的是白色服装，因此，白色也会令人产生死亡的联想；黑色是夜晚的象征，因而会使人产生罪恶、悲哀、压抑、死亡、庄重的感觉；红色具有刺激人的生理欲望的作用，同时与温暖、危险、争斗、愤怒以及吉利、吉祥、好运气相联系；黄色表示愉快、舒适，同时也可能使人产生富裕、高贵的联想；绿色是生命的象征，容易使人产生和平、充满生机以及平静、安宁的感觉；蓝色与广阔的天空和大海相联系，会使人联想到遥远、冷淡、寂寞、朴素；紫色可以使人联想到优雅和威严，还有优美、满意、希望、生机的感觉；青色是鬼火的颜色，具有冰冷、恐怖、神秘的感觉。由于不同的颜色各有其不同的心理意义，所以在进行企业形象的视觉设计以及个别广告的创作设计时，应该注意颜色的运用要与广告活动的理念、主题、基调以及产品的特点相协调。从一些国际知名品牌的广告活动中，我们也可以看出，它们非常重视广告色彩的选择运用。

但是，在选择使用颜色时，也要注意到颜色的心理意义因地区和文化的不同而不同。在许多国家，绿色象征着生命与和平，而在马来西亚，绿色则会让人想到森林和疾病；绿色还是埃及和叙利亚的国色，用在商品上不受欢迎。在中国，红色象征着喜庆、欢乐和胜利等，爆竹染上红色是合情合理的事，而联邦德国和瑞典人不爱滥用红色，所以我国原先出口到这两个国家的红色爆竹不受欢迎，改为灰色后则销路大增。爱尔兰、瑞典的国旗上有红、白、蓝三种颜色，所以在食品中禁止使用这些颜色。在伊拉克，商业上避免使用橄榄色，因为伊拉克国旗上有这种颜色。蓝色是伊朗人丧服的颜色，用在商品上会引起反感。在大多数拉丁美洲的市场中，紫色普遍被排斥，因为它象征着死亡。面向法国的广告和包装就要尽量避免墨绿色，因为法国人十分仇视希特勒军队的墨绿色军服。

二、听觉表现的心理效应

音响是广播、电视广告的一个重要组成成分，由于音响不能直接负载商品信息，所以在广告创作中常常被放在次要的位置，一直没有得到充分的重视。不过，20 世纪 80 年代以后，广告音乐越来越受到人们的重视。例如，在美国的电视广告中，以音乐为主的产品广告占有相当的分量(大约三分之一)，越来越多的歌唱家进入广告圈。有些广告主也不惜重金制作广告音乐片。

音响包括音乐和效果声。由于一般广告都是以音乐为主，所以下面我们着重探讨音乐的心理功能。

(一)辅助画面和解说词塑造出某种情感气氛

例如，节奏明快的音乐可以创造出欢快活泼的气氛。在饮料广告中，配上这种音乐能让人体验到喝这种饮料的乐趣；运用于服装广告中，则可使人感到服装的现代感。节奏舒缓的音乐配在广告中，可给人以舒适、浪漫的感觉。

（二）唤起人们的注意

人们接受外界信息主要是通过眼睛和耳朵，眼耳的协调配合使人们的注意力不仅能抓住某一目标对象，还能监控周围环境发生的事情。在一般情况下，当人用眼睛去捕捉注意对象时，人就用耳朵来监控其他事物。反之亦然。受众对广播电视媒体的接触，常常是边进行其他活动（如聊天、做作业、织毛衣等），边收听广播或边观看电视。因此，当他们的注意力不在媒体时，一个美妙的音乐旋律可能就会引起他们的注意，使他们不自觉地认真看、认真听。不过，能唤起听众注意的音乐一般是听众比较熟悉、比较喜欢的曲调。不然就是广告音乐与其他节目的音乐大不相同。

（三）加强广告信息的记忆

根据联想记忆原理，当两种刺激物在相邻或相近的时空出现时，人们就容易把它们联系起来储存在记忆中。之后，当一种刺激物重现时，另一种刺激物也容易被唤起。在广告中，一首曲子，一个旋律经过多次重复之后，就会跟广告产品名称及有关的广告信息发生联想关系。这种联想关系是很有益的，受众以后在其他场合再次听到该曲子或旋律时，就会不自觉地联想起该产品的广告，这有利于巩固受众对广告产品品牌和广告信息的记忆。

（四）发挥边缘说服的作用

广告心理学家帕克（Park）和杨（Young）进行过一项研究，通过控制被试的卷入条件（包括认知卷入、情感卷入和低卷入），来检查音乐对Ab（品牌的态度）和BI（行为意图）的影响。该研究发现，在认知卷入条件下，没有音乐的电视广告比有音乐的电视广告对观众的Ab和BI的改变影响较大，说明音乐起了消极的作用；在情感卷入的情况下，有无音乐差异不大；但是在低卷入条件下，有音乐对Ab和BI的积极影响比没有音乐大（表4-2）。令人庆幸的是，在大多数情况下，观众和听众都是在低卷入条件下接触广告的。因此，可以认为广告音乐一般起着积极的作用。

表4-2　音乐对Ab和BI的影响

音乐类型		认知卷入	情感卷入	低卷入
Ab	有音乐	4.10	4.40	4.00
	无音乐	4.65	4.25	3.60
BI	有音乐	3.00	3.15	2.80
	无音乐	3.70	3.25	2.10

（五）娱乐听众的作用

众所周知，广告的插播对受众是一种侵扰，一般受众并不喜欢广告，并且尽量避开它。因此，一条广告若配有优美的旋律，就能部分地减少他们对广告的厌烦，并给他们带来一点乐趣。正如不喜欢跳舞的人进入舞场，他们会从欣赏舞曲和别人的舞姿中获得快乐。

广告音乐具有上述多种功能，但是要有效地发挥它的积极作用，在音乐的选择或创作时，应该注意三点：第一，不要使用其他竞争产品使用过的曲子或旋律。否则，你初期发布的广告实质上部分是在替竞争产品做宣传。第二，选用现成的曲子应该是知名度高、大众较为熟悉的。如流行曲及一些经久不衰的名曲。创作新乐曲应该让听众易学、易唱。曲调流畅、节奏感强的曲谱比较容易学，也比较容易流行。第三，使用于广告中的乐曲要与广告所要制造的情感气氛相适合。例如，在制造一种怀旧气氛时，可用柔板、慢板的乐曲；创造欢快气氛时，可用节奏快的曲子如圆舞曲；要使人产生古朴的情感联想时，则用空灵的、意境深远的古典器乐曲。

第四节　广告的语言文字与非语言文字心理

一、广告的语言文字心理

奥格威曾说“广告是词语的生涯”，广告效果的50%～70%来自语言文字部分。因此，对广告语言文字心理的研究有助于广告充分发挥语言文字的功能，达到准确传达广告主旨、有效传递广告信息的目的。本节从广告语言文字的心理意义、广告语言文字的呈现心理和广告语言文字的弦外之音三个方面（图 4-2）论述广告的语言文字心理。

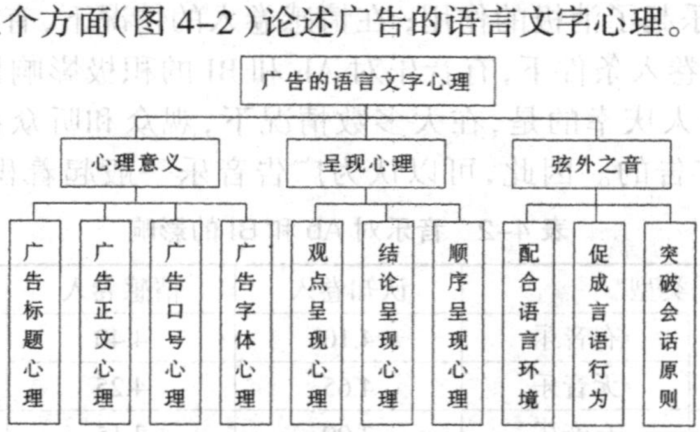

图 4-2　广告的语言文字心理

（一）广告语言文字的心理意义

广告语言文字蕴涵着丰富的心理意义。广告心理过程的 AIDA 法则是受众从接触广告到采取购买行为主要经历的四个阶段：Attention，引起受众的注意；Interest，引起受众对广告信息的兴趣；Desire，受众产生对广告产品的渴望；Action，受众由购买渴望转向购买的实际行动。广告文案通常由标题、正文、口号、随文四大部分组成，各部分是与受众心理效果层次相一致的（图 4-3）。

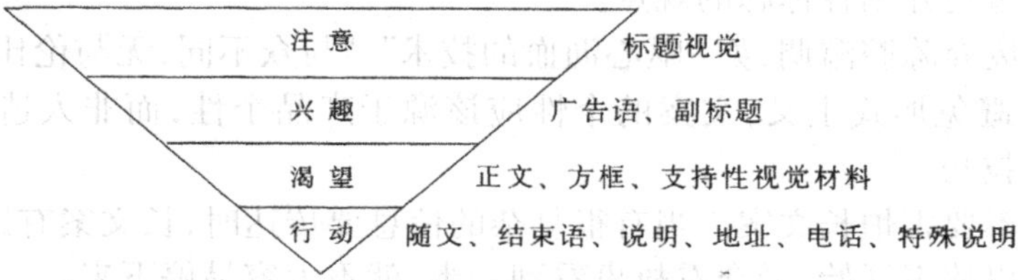

图 4-3　广告文案要素和受众心理效果层次

好的广告文案流畅如音乐，具有一种由技巧、理性与情感结合起来的逻辑。广告文案设计要遵循一些基本原则：如 KISS 原则（Keep It Simple, Stupid——保持简单）和 SCHC 原则（Simple 简单——Clear 清晰——Humor 幽默和 Clever 机智）。下文就广告语言文字中比较重要的广告标题、广告正文、广告口号和广告字体的心理意义进行分析。

1. 广告标题的心理意义

广告标题是整个广告作品的题目，是广告中心内容的体现，在广告中主要起着点明主题、吸引目光、强化印象和引起受众共鸣的作用。因此，标题在广告版面构图中，始终处于最醒目、最有效的位置。标题是最受关注的广告文案要素。设计标题应把握受众心理，吸引受众关注，满足受众信息搜寻的需求。广告标题的心理意义如下：

- 是否承诺了一项利益点？
- 是否包含了具有新闻价值的消息？
- 是否谈到价格？
- 是否提到产品所能解决的问题，或是产品所能满足的需求？
- 是否提出与目标对象相关的惊人事实？
- 是否包含品牌名？
- 是否引用了他人所说的精彩词句？
- 能否与图片共同发挥作用？

2. 广告正文的心理意义

广告正文是指广告文案中处于主体地位的语言文字部分，其主要功能是展开解释或说明广告主题，对在广告标题中引出的广告信息进行较详细的介绍，对受众特别是目标消费者展开细部诉求。如果说广告标题是提出问题，那么广告正文就是回答问题。正文内容的撰写一般采用具有亲和力的日常用语，简单易懂、表达生动、贴切形象、易于亲近。广告正文的心理意义如下：

- 重复并阐释标题的观点。
- 废弃陈腔滥调，如“呕心沥血的技术”“与众不同，无与伦比”等。
- 避免形式主义，文案的个性应该源于产品个性，而非人造的文章技巧。
- 不要害怕长文案。当有很复杂的信息要传达时，长文案有助销售。
- 以故事开始，受众看故事看到一半，就不太容易停下来。
- 找出一个能使读者惊讶，留下深刻印象的事实，并向读者承诺一项利益。
- 以问题作为开始，有问题就需要答案，这能使读者很快地有参与感。

3. 广告口号的心理意义

广告口号（广告语）是广告主为了强化产品形象，传播组织理念，突出产品特点，加深受众印象的目的，在一定时间区域内反复使用的、简明扼要的标语口号。一则贴切、生动、新颖、简洁、深刻的广告口号，可以很快深入人心、脍炙人口，甚至影响人们的思维方式和语言习惯。广告语配合广告标题，可以起到画龙点睛的作用。押韵顺口、富于情感的广告语，常常能给人留下深刻的印象。各种类型广告口号的心理意义如下：

- 综合型：概括地表现企业理念。如某服务公司：您的需求就是我们的追求。
- 暗示型：不直接坦述，用间接语暗示。如吉列刀片：赠给你爽快的早晨。
- 双关型：一语双关，既道出产品，又别有深意。如某钟表店：一表人才，一见钟情。
- 警告型：以“横断性”词语警告消费者。如某护肤霜：20 岁以后一定需要。
- 比喻型：以某种情趣为比喻产生亲切感。如某牙膏：每天两次，外加约会前一次。

- 反语型：利用反语，巧妙地道出产品特色。如其牙刷：一毛不拔。
- 经济型：强调在时间或金钱方面经济。如某航空公司：飞机的速度，卡车的价格。
- 感情型：以缠绵轻松的词语，向消费者内心倾诉。如某咖啡厅：有空来坐坐。
- 韵律型：如诗歌一般的韵律，易读好记。如脑白金：今年过节不收礼，收礼只收脑白金。
- 幽默型：用诙谐、幽默的句子使人们开心地接受产品。如某脚气药水：使双脚不再生气。

4. 广告字体的心理意义

随着各种新字体的不断出现和电脑对字体运用得更加快捷灵活，平面广告中的文字已经由原来处于从属地位的“说明性”或“表述性”角色，上升为“表现性”或“意象性”角色。

字体设计对于吸引受众注意，引导受众阅读有着重要作用。广告字体的心理意义如下：

- 字体艺术的使用应该是为了使广告易于阅读，并且具有好的注目性。可在字体对比组合、字体明亮对比组合等方面找到切入点。
- 在字体的选择上，要注重注目性，也要根据广告画面的内容选择合适的字体，字体艺术与产品个性、广告目的有关。黑体较适合男性产品、重大新闻；圆头体较适合女性产品、生活话题；宋体比较适合严肃场合。
- 奇形怪状的字体会降低阅读率。最简单易读的字体是最为人们所熟悉的字体。
- 根据左右齐头，将文案归纳为三种形式：左右齐头、左齐头、右齐头。采用哪种格式取决于编排需求，但是右齐头的方式阅读起来最累，该方式一般在文字较少时使用。

（二）广告语言文字的呈现心理

广告语言文字的呈现心理是指广告语言文字的不同呈现方式，对受众心理有不同的影响。广告语言文字的观点呈现、结论呈现和顺序呈现，对于广告目标受众具有重要的心理影响。

广告语言文字的观点呈现是指广告信息采用单面观点呈现方式还是双面观点呈现方式。不同的观点呈现方式，对受众有不同的心理影响和不同的说服效果。传统的研究认为，采用正面信息的单面观点对品牌形象的建立有一定效果。广告仅提供正面、有利的资料或论据来说明产品或劳务的优点。不过有一些研究指出，如果广告语言文字包括一些负面资讯可能会更有效果。广告在充分肯定产品优点的同时，也适当地暴露产品的不足之处，这种手段称为双面论证。例如，英国某家刀片公司在一则广告中说："我公司的刀片十分锋利，经久耐用……缺点是易生锈，用后需要擦干保存才能久放。"日本美津浓运动器具公司出售的运动衫都附有一张说明书，上面印有："这种运动衫使用的是本国最好的染料，染色技术更是本国最优秀的。不过遗憾的是，酱紫色之类的颜色至今仍然没法做到永不褪色……"这一广告使顾客赞不绝口，对其产品推崇备至，致使产品畅销不衰，独步日本市场。另一则双面论证的成功经典之作是金龟汽车广告，它一方面把车子的长处表达出来，同时也把车形外表"丑陋"的缺点表现在广告中，因此博得人们的好评和赞赏。

受众的预存立场影响观点呈现方式的接受态度。当受众已经有先入为主的负面品牌态度时，或受众暴露在竞争对手所释放的负面信息下，双面信息是具有说服效果的策略。如美国大陆航空公司为了挽回消费者的信心，在广告和相关的公关信息中，首先承认过去服务上的缺失（如误点、任意取消航班等），同时认真地承诺保证这些缺失得到改善，结果就取得了很好的说服效果。但当受众对于广告品牌有正面态度时，单面信息的传播要比双面意见并陈的信息来得更有效，这时单面信息可以加深受众原有的态度。

受众的教育程度也影响观点呈现方式的接受态度。正负面并陈的双面信息对于教育程度较高的受众较为有效，而单面信息则对教育程度较低者较为有效。这是由于教育程度较高的受众更加适用归因理论。归因理论由社会学家海德（Heider）提出，他认为外部归因和内部归因是对个体行为作归因解释时的两大原则。外部归因认为个体行为发生的原因是由于个体所处的情境导致，又称为情境归因。内部归因认为个体行为发生的原因是由于个体的性格所导致，又称为性格归因。当受众接收单方正面信息的广告时，所倾向的解释仅是"广告商在卖东西"的情境归因，但是如果呈现的是正反并陈的双面信息，受众对于广告的认知评价会较倾向于"说实话"的性格归因，广告信息的可信度也随之提高。因此，确定广告信息的呈现方式，要从受众的角度来分析他们会如何解释传播者的动机，努力让受众对广告信息作出内在归因，从而提高广告说服力。

二、广告的非语言文字心理

非语言文字信息就是游离于语言文字之外，利用其他一些方式，如姿势、表情、触摸、语音变化、距离远近等，来达到表达思想、传达意义的目的。它同语言文字信息相辅相成，贯穿信息传播的始终，共同实现传播的目的。非语言文字在信息传播中具有语言文字不可替代的作用，是人们进行传播活动的有效工具。广告传播中也存在着大量的非语言文字信息，并发挥着独特的作用。下面具体论述广告非语言文字的信息构成、广告非语言文字的心理功能和广告语言文字与非语言文字的整合心理（图 4-4）。

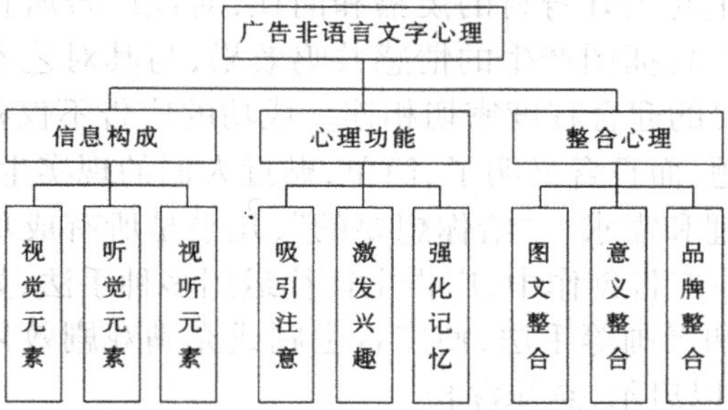

图 4-4　整合心理图

（一）广告非语言文字的心理功能

1. 吸引注意功能

非语言文字具有强烈的吸引受众注意的心理功能。与广告的文案部分相比，广告的插图或商品照片更引人注意，同时，彩色印刷广告插图的注意率最高，达到 84.1%，黑白印刷广告插图为 46%；即使在文案部分，人们对彩色文字的注意率也明显高于黑白广告。适当的颜色配置引人注目，可以起到引起受众注意的目的。强烈的色彩对比可构成强烈的视觉刺激，在瞬间吸引人们的视线，使广告给人留下良好的第一印象。与黑白广告对比，这种效果尤为明显（见表 4-3）。另一方面，广告插图尤其是电视广告插图提供的丰富视觉信息，插图的新颖、多变而高度艺术化的设计有效地维持了个体的注意，再加上音响、音乐的配合，对受众有强烈的吸引力。

表 4-3　黑白广告注意率对比图

广告颜色	半页广告	全页广告	双页广告
黑白广告	100%	100%	100%
双色广告	110%	97%	105%
四色广告	185%	153%	150%

2. 激发兴趣功能

广告插图可以创造强烈的心理感受,形成和加深对产品或服务的强烈印象,具有激发受众兴趣的心理功效。成功的广告插图往往能激起人们强烈的情感共鸣。广告受众在看到图案或摄影时,可能会产生很强的美感、轻松感、舒适感等情感反应。如一则成功的减肥广告,用健康而苗条的身材展现减肥的效果,并使之和减肥前肥胖的体形构成鲜明的对比,让欲减肥者产生对美好身材的羡慕和向往,对该广告所宣传的减肥营养品怦然心动。广告插图产生的情感共鸣效果,与其对艺术性的追求及与人们心理和需要的迎合程度密切相连。成功的广告不仅善于以插图突现或烘托广告主题,而且含义明了、简单,贴近人们的现实生活,能紧紧抓住广告受众的心理和需求。“给你想要的”,几乎是所有成功的商品或服务广告的要旨。在广告创作中,广告主往往运用多种手法,如写实、夸张、比喻、象征、对照和漫画等手法,使广告主题或充满戏剧效果,具有娱乐性、幽默感,或给人以启示,意味深长。

插图色彩具有很强的情感表现力。色彩的不同组合与个体自身的生理体验及社会经验融会在一起,可以引起人们复杂的情感,从而激发受众兴趣。例如,绿色能使人产生宁静和稳定感;黄色则让人产生真诚和光荣感;青色可以激发人的严肃、静穆感;白色带来纯洁、朴素感;黄色和红色相映衬,则可让人产生壮观和力度感。同时,在不同的文化背景中,相同的色彩或色彩的组合也可能激发人们不同的情感体验。例如,中国人传统上喜欢用黄色代表高贵和尊严,中东地区的国家则厌恶黄色。

3. 强化记忆功能

受众的心智容量是有限的,个体的心智资源是固定的。相关研究发现,图像(地图)式信息设计比语言文字性质的替代性信息设计更能减少心智负荷,并且可以让人反应得更迅速,让记忆更活泼,更容易回想。因为地图是以图像的方式储存在脑中,所以使记忆更具体;而语言文字信息是以写生版的方式刻在脑子里,较为抽象。图像式(非语言文字信息)信息远比语言文字信息更容易记忆,图像式信息也比较容易从个体的记忆柜中被取出。广告非语言文字之所以能增强人们的记忆效果,在于它往往采取一系列有效的刺激呈现方式或手法,有的采取夸张手法,强烈刺激人的视觉系统,使人过目不忘。

广告非语言文字可以增强广告的整体效果,增强人们对广告其他部分的理解、记忆和情感。以插图为例,作为广告的一个组成部分或子系统,其产生的效果也影响到广告作品的整体效果,同样,插图的有效应用也可以极大地增强其他子系统，包括语言、音响的效果。如前所述，安排适当的插图，或者直接突现广告主题，或者补充说明语言所阐述的广告主题，或者引导广告受众注意广告的正文部分，这都可以激发人们理解广告主题的欲望，并加深人们对广告语言的理解，增强人们对广告信息的记忆效果。

（二）广告非语言文字的整合心理

心理学家阿尔伯特发现以对人的影响程度来看，有55%的影响来自说话者的脸部表情；38%是来自说话者的声音，大部分的时候语言和非语言表达是相辅相成的。因此，广告信息的心理沟通不能忽视非语言文字，应加强广告语言文字与非语言文字的整合设计，这样才能达成广告良好的沟通和说服效果。

1. 广告非语言文字的图文整合心理

广告语言文字与非语言文字的图文整合心理是指在报纸、杂志等印刷媒体中，插图（插图或图案）与简略、具体、生动、形象的文字描述相配合，相得益彰，共同实现广告主题。具体说来，广告语言文字与非语言文字的图文整合设计主要有插图主导型、画主文辅型和文主画辅型等几种类型。

（1）广告非语言文字的插图主导型整合。插图说得很明白的东西，文案不需要重复插图的内容。美国符号学家威廉·莫里斯在他的著作《指号、语言和行为》中，就明白地指出："由于图像能够具有任何意谓方式的意谓，图像通过它的具体性就有力地推动了为了指号所能用来达到任何目的的任何一种指号过程。""如皮尔斯所主张的，一个人的一幅画像再加上这个人的名字，就同对这个人的文字描写，是一个陈述。"显然，插图和文字一样，在功能上同样可以达到"表达"或"陈述"等任何一种传递信息的效果。而且，插图"在它们的意谓中所具有的那种突出作用"更为显著。这样，广告插图自身能够清楚传达的东西，就不再需要文字的重复了。

（2）广告非语言文字的画主文辅型整合。广告创意主要体现在插图上，则受众一眼不能明白的，则需要文案来配合说明。如果广告想表达的是某杂志有80万人之多的读者，就可以用漫山遍野的菊花或缀满繁星的天空来隐喻，但菊花、星空本来和"读者人数"之间没有牵连，这时就需要文案进行说明。这样，通过简明的文案来理解富有创意的，也是隐藏得相对较深的插图意图时，就会变难为易，相反，富有创意的插图又为间接明白的文案增添了生机和活力,使这种间接明白自身成为合理的和必要的。

(3)广告非语言文字的文主画辅型整合。广告创意在文案,但看起来似乎和“产品”无关时,要使用插图进行补充,使之跟产品或服务相关联。广告作品如果用文案来凸显其创意的“意味”,文案就成为作品中最大限度的“张力点”所在,这时,如果广告插图不能对这种张力空间进行有效填补,使作品成为具有明确轴心的“广告”,那么,整个作品就可能偏离广告目标和表达意图,成为一种异化的东西。

2. 广告非语言文字的意义整合心理

广告非语言文字的意义整合心理,是指广告要通过语言文字与非语言文字的意义配合,达成广告的完整含义。本文以隐喻为例,说明广告语言文字与非语言文字的意义整合。“隐喻”简单来说,就是要表达“A是B”的关系或者表达看似完全无关的两个名词中间的关系。比如7-UP汽水,“UP”表达了受众个体的期望,代表了健康、成长、乐观主义。如果汽水“7-UP”改名为“7-DOWN”,那么销路还会好吗?著名的糖果广告有个“尝尝彩虹的味道”这类的标语,虽然我们不能亲自尝尝彩虹的味道,但依然可以借着想象力与感受文字的隐喻,用你的视觉和味觉去想象彩虹的甜味。隐喻在广告语篇中得以广泛运用,它不仅能将事理表述清晰、形象和生动,还能沟通广告作者与广告受众,为劝说打下基础;还能诱发甚至驱使受众使其“就范”。

3. 广告非语言文字的品牌整合心理

在商业活动盛行的社会,商标的存在是丰富而多元的。如何设计出一个商标(LOGO)来代表品牌,对企业形象的建立与商品的价值都存有很重要的非语言信息。以视觉传达的观点而言,有些商标如AIWA、SONY、Panasonic这些文字所使用的字体、大小,其实已经分别赋予了这个言语记号一些新的意义,进而产生了一些新的内涵:即使没有图形,却因为字体的组合,形成完整的“图样”,成为商标。

第五章　广告传播的心理研究

广告作品制作完成后，还必须依附一定的广告媒介把广告信息传播出去，只有这样，才能发挥广而告之的作用。但广告在传播的过程中，选择什么样的媒介或媒介组合，选择哪个时间段，用多高的频率重复刊出等问题，都与受众的心理和喜好相关。因此，了解广播传播中的心理导向，对加强广告传播效果有重要意义。

第一节　知觉与广告理解

一、广告知觉过程

（一）知觉的一般过程

知觉一般需要各种感觉系统的联合活动，是由多种感受器联合活动产生的。现代神经心理学的研究表明，知觉过程是一个复杂的机能系统，这个系统依赖于许多皮层区域的完整复合体的协同活动。知觉这一含义可以简明地表述如下：

知觉和感觉不同的重要特点之一是，知觉不仅受感觉系统生理因素的影响，而且极大地依赖于一个人过去的知识和经验，受人的各种心理特点，如兴趣、需要、动机、情绪等的制约。广告能否引起知觉，既与广告中诸刺激物间的差别有关，也与广告是否符合人们的心理特点有关。

心理学认为，知觉对象可以理解为在周围刺激物中，那些受到集中注意的刺激物。知觉背景则可理解为处于注意“边缘”的其余刺激物。所谓知觉过程，在一定意义上可以描述为对象从背景中分出的过程。这个过程要能够实现，先决条件是对象与背景刺激物间必须有差别。如果刺激环境完全均匀，那么，只能有感觉，而不能有知觉信息。由此可见，对象与背景的鲜明对比是图形知觉的重要条件。

如果把一则特定的广告比作图形，把包括竞争对手的同类产品广告在内的周围刺激物看成背景，那么，该图形如何从背景中分出，应该成为广告设计策略的一个基本点。在广告和包装的具体设计上，也必须把主要部分作为对象，其余部分作为背景。但是，有时产品信息的主要部分，比如，商品的名称或商标往往缺乏足够的吸引力，此时，不得不采用某种手法来吸引消费者的注意。原则上，那些属于刺激物的物理特征，如强大的、对比明显的、颜色鲜艳的特征等，均可用来加强对特定对象的知觉。另一方面，也需要防止广告的图形和背景的可逆变换问题，因为，这样的广告画面无法保证让观看者清楚地识别广告想要突出的对象。

此外，相反属性的两个对象并排在一起，往往导致感觉上的差异加大，这种现象叫做感觉的对比效应。颜色视觉的知识还告诉我们，人们在某一物体表面上所看到的颜色，不仅取决于该表面本身的物理刺激，还取决于它周围的颜色。它们间的交互作用，影响着所看见的表面的色调和明度。例如，一个灰色方块在红色背景上被看成是浅绿色的，可是在绿背景上，则看成是浅红色的。被看见的颜色包括灰色向着它周围颜色的对立方向变化的现象，叫作颜色对比。同理，一种颜色或灰色在高亮度背景中，看起来好似深些；而在低亮度背景中就显得似乎浅些。这种被看见的明度向其周围明亮的对立方向转化的现象，叫作明度对比。

广告设计者们在自己的实践中创造了一系列对比的手法，以达到突出主题的效果。例如，广告设计中的亮中取暗、淡中有浓的色差对比，以及通过大小、远近、虚实、疏密、黑白等相互衬托，在橱窗布置上，采取静中有动，动中有静，等等，这些都可望收到一定的对比效果。

（二）广告知觉选择

人们的知觉并不是一个由感官简单地接受感觉输入的被动过程，而是一个经由外部环境中提供的物理刺激（如广告、商标等）与个体本身的内部倾向性（如兴趣、需要等）相互作用，经信息加工而产生首尾一贯的客体映象的过程，即人们的知觉是一个积极的能动的认识过程。而消费者知觉的能动性主要表现为消费者对于商品及广告信息的选择、综合和解释。

个体对某些对象或对象的某个（或某些）属性知觉，而不对另一些对象及其部分属性知觉，叫做知觉的选择性。比如，在购物市场上，在同一时刻，有大量的事物（包括商品及与之有关的人和物）作用于消费者的感觉器官，消费者不能同时反映所有这些事物，只是对其中的某些事物有清晰的反映（知觉），而对另一些声物则视而不见。知觉的选择性还表现在消费者能在众多的商品中把自己所需要的商品区分出来,或者在同一种商品的众多特性中优先地注意到某些特性。知觉选择性使消费者在知觉商品时发挥着“过滤”作用,使消费者的注意力集中指向感兴趣的或需要的商品及其某些特性。总之,消费者对环境中所遇到的刺激往往下意识地进行着选择,他们总是不自觉地寻求一些东西,避开一些东西,忽略一些东西。

一般说来,决定消费者知觉选择性的既有客观因素(刺激物本身的特性),也有主观因素(消费者的兴趣、需要及其他心理机制)。

1. 刺激物的特性

市场刺激包括大量的变量,所有这些变量对人们的知觉选择会产生不同程度的影响。例如,产品的包装设计、色彩、形状、商标图案、名称、广告与广告节目的设计、模特的选择、广告节目的播送时间、广告牌的大小与位置等都会影响消费者对信息的接收。一般说来,在相同的主观条件下,外界刺激的强度越大,就越容易被消费者所感知,反之,外界刺激的强度越小,就越不容易被感知。

通常,外界事物的刺激强度与下列特性有关。

(1)大小。一般情况下,大的事物比小的事物对消费者的刺激要强一些,因而也较容易引起消费者的知觉。为此,商店的招牌以及商品包装上的商标名称等,都尽可能地采用较大的字体或图案,报刊杂志上的商业广告,也都尽可能利用较大的版面,以期更容易被读者感知到。

(2)色彩。鲜明的色彩通常要比暗淡的色彩更能被人感知,霓虹灯广告之所以特别引人注目,就是因为它那鲜艳的色彩。当然,色彩问题必须与反差或背景的问题联系起来。一般说来,反差强烈一些,则比较容易被感知。举例来说,当你在看电影或看电视时,若屏幕上的文字与背景的色彩比较接近,文字就不容易看得清楚,相反,如果背景是白色的,字是黑色的,就是说,文字与背景的色彩反差强一些,那就容易看清楚了。

(3)声音。一般说来,洪亮的声音可给予消费者较强的刺激,也就容易被消费者所感知。因此,电视节目到了播放广告的时候,音量常常突然增大,以期更能吸引消费者的注意。因为电视播放广告时,电视观众的注意力往往会分散一些,有的人去倒杯茶,有的人则开始交谈等。另外,不同的消费者对不同频率的声音感觉不同,有的人较易感知频率较高的声音,如女高音、乐器的高音等;有的人却更易感知频率较低的声音,如男低音、大提琴演奏等。

(4)位置。人们都会有这种体验,当自己站在商店里的货品柜台前,最先映入眼帘的通常是放在正前方眼睛平视时能看到的位置上的商品,而放在货架上层或货架底层角落里的商品,就不那么容易被很快感知。国外某些广告专业人员曾经专门研究过广告刊登在什么位置上,最能引起读者的注意。由此可见,位置是广告设置中不可忽视的一个问题。

(5)拟人。在许多时候,运用拟人的表现手法,也可以增加对消费者的刺激。服装公司展览或陈列时装时,常常将服装套在各种特制的服装模特儿身上,这样能收到较好的展示效果。迪斯尼公司的“米老鼠”之所以如此逗人喜爱,其形象令人看后久久不忘,其中主要原因之一,也是因为采用了拟人化的表现手法。通过拟人,表达了观看者的某种情趣和愿望。

(6)重复。对消费者重复施予某种刺激,在通常情况下,可以增加刺激的强度,提高消费者的知觉。国外曾经有人调查过,几种不同的新产品,由于刊登广告的持续时间的不同而造成了产品知名度的差异。根据他们的调查结果,新产品在刊登广告的头几个星期之内,产品的知名度迅速上升,再持续刊登几个星期,则知名度有所下降,继续刊登广告,知名度又会上升,随后又稍有下降。

但是,另外有许多资料指出,一旦停止刊登广告,产品的知名度立即下降。因此,他们认为,只要经费等条件许可,应尽量延续刊登广告的时间,这对提高产品知名度有益无损。值得注意的是,虽然产品的知名度随着广告重复次数而有所提高,但是,广告重复的次数也并非越多越好,内容雷同的广告重复次数太多,会引起消费者的厌烦,造成消费者心理上的抵触,从而影响消费者对广告产品的知觉程度。广告重复次数究竟以多少为宜,这要视产品特性、商标名称、广告内容、广告手法和广告对象等因素而定。

(7)对比。对比是最引人注意、最能激发人对刺激特性产生兴趣的手段之一。因此,广告商们常常通过设计出对比显著、能引起人们注意的广告来触动消费者的知觉。一个大广告公司经理抱怨说,他们的竞争者应用了各种稀奇古怪的情节吸引消费者。实际上,广告并不必通过与众不同来达到高度的差异,但必须与周围环境保持简单的对比。

2. 知觉选择的心理机制

知觉选择的心理机制主要有三个:知觉超负荷、选择的感受性和知觉防御。

(1)知觉超负荷。知觉超负荷是指外来刺激超出消费者在正常情况下所能接受的能力限度时,一部分刺激受到心理上的排斥,从而被自然而然地排除在注意之外。一般情况下,一个人在短暂的时间内所能接受和处理的刺激信息维持在 7±2 个项目的水平上,记忆力再强的人一般也难以超出10个项目。因此,电视屏幕上的广告词一般应在10个字以下。消费者在比较、选择准备购买的商品时,尽管市场上可能存在很多可供选择的对象,但实际上通常他只能考虑或兼顾到5个或更少的品种,而无法同时考虑其他品种。而对于每天数百个商品广告信息的刺激,知觉超负荷的状况就更为严重。消费者在大量广告刺激中,只能对自己认为有价值的刺激做出反应,而忽略那些不重要的刺激,这种知觉的选择性是人们避免使自己知觉负担过重的一种防护能力。在广告活动中,好的广告应善于把消费者感兴趣的商品特性变成消费者的知觉对象,通过广告展示商品,介绍商品,使这些商品在消费者知觉中占据主导地位。

(2)选择的感受性。选择的感受性是指个体对自认为有价值的或有兴趣的刺激表现出较高的感受性,知觉得更加清晰,这种现象在消费市场领域最容易出现。比如,对于玩具商品及其广告,小朋友往往比成年人要敏感得多;对于各种新潮的服饰和布料,一般女性要比男性更容易注意;每日电视中的“股市行情”节目也主要吸引那些股民朋友或想要进入股市的人。

(3)知觉防御。知觉防御是指消费者对造成恐怖或者某种威胁感的刺激倾向于回避、阻滞或反应迟缓。有一项研究表明,消费者在刹那间感知到的是那些对自身有价值的对象,而对恐惧性的对象则大多视而不见。

在推销商品的业务中,美国著名的推销训练专家汤姆诺曼发现,日常中有一些字眼可能有利于推销,而另一些字眼则对推销不利。前者如推销对象的名字、了解、事实证明、健康、容易、保证、金钱、安全、省钱、新、爱、发现、对的、结果、真货、舒适、自豪、利益、值得、快乐、信赖、好玩、至关重要,等等。后者如交易、成本、付款、合约、签名、试用、担心、损失、赔掉、伤害、购买、死亡、坏的、出售、卖出了、价格、决定、困难、辛苦、义务、应负责任的、错失、责任、失败,等等。

知觉的防御机制告诫我们,在广告的实践中采用否定的情感方式说服大众时,应持审慎的态度。在现有的一些交通安全宣传栏里,常以展出各种各样的有关交通事故惨状的图片和文字描述来告诫大众遵守交通规则,然而究竟有多少观众敢去正视这些图片是令人怀疑的。在现实中,相当多的人连诸如开刀手术的镜头都表现出遮眼回避行为,尤其以妇女、儿童为最,他们对于广告中的惊险镜头或令人恶心的肮脏画面,则更会退避三舍,甚至对所宣传的产品表现出厌恶。为此,广告设计应尽量避免这一现象。

3. 消费者的主观因素

人们往往在过去经验、价值、态度、信念等个性特征的基础上，形成自己的需要体系与期望，并对自己所需要或所期待的对象具有一种特殊的敏感性，这些即构成了影响消费者知觉的主观因素。

（1）需要倾向。人们倾向于觉察到他们需要或向往的事物，需要的强度越大，忽视环境中无关刺激的倾向也越大。例如，一个想买商品房的人往往会仔细阅读报刊上的每一则售房广告，对于其他广告则往往视而不见。又如，一对第一次当父母的年轻人会对婴儿小车和婴儿用具的广告特别敏感，他们甚至会在新华书店陈列的众多书籍中，一眼就找到有关“父母必读”或“育儿知识”的书籍，而忽略了旁边的其他无关书籍。一般看来，与自己的需要和兴趣有关联的刺激会使意识水平提高，而与这些需要无关的刺激会使意识水平下降。因此可以说，一个个体的知觉过程是使本身协调于对他很重要的环境因素的过程，如一个饥饿的人更容易寻找和觉察到食物的信号。

广告研究者认识到，把他们的广告产品与消费者觉察到的需要相配合是有效的。为此，他们必须使他们的产品能通过某种特性而被人所觉察。鉴别消费者觉察到的需要有许多用处。例如，广告者通过市场研究鉴别哪些是消费者觉察到的与其产品有关的需要，然后，在这些需要的基础上，把他的市场分为许多小市场，每个小市场的消费者群都是由与某些产品范畴相联系的、具有相同觉察需要的个体所组成的。这样，广告者就能够针对特殊市场部门而制定出不同的广告策略，以便使每个部分的消费者都能找到符合自己特殊需要、向往和兴趣的产品。比如，营养品广告，对儿童的广告策略重在开发智力，促进生长；对老人重在防病治病，延年益寿；而对中年人则强调恢复体力，养颜强身，提高工作效率或馈赠长辈亲友的最佳温情礼品。

（2）期望心理。人们经常看的是自己期望看到的东西，而这些期望看到的东西总是建立在熟悉的基础上，建立在先前经验或预先定势的基础上。例如，一个研究者外请一位演讲者给大学二年级同学演讲相同的材料。他在一个班里告诉学生该演讲者是一位具有冷漠性格的某学科专家，而在另一个班里却告诉学生该演讲者是一个具有热情性格的专家，从而控制预先倾向。演讲结束后，分析学生完成的问卷反馈。那些事先听到演讲者具有冷漠性格的学生确实发现了他的冷漠，而期望热情演讲者的学生却发现演讲者是热情的。因此，期望演讲者是热情的学生参加班级讨论和相互影响要比期望演讲者是冷漠的学生更多。

在市场范围内，人们倾向于按自己的愿望来觉察产品和产品特性。

一个朋友告诉一位家庭主妇说，一种新牌子的咖啡有酸味，她可能也能品出酸味。为此，广告应注意合理引导消费者对于广告产品优点的期望心理。

另一方面，有时与期望有明显冲突的刺激比与期望一致的刺激更能引人注意。换言之，新奇的东西能提高人的知觉。长期以来，被单和毛毯广告都选用女性模特儿，后来一些广告商改用男性模特儿，发现更能吸引消费者。J.P. 斯蒂文斯公司报道，应用男性模特儿作床单广告后，收到了许多消费者赞成的信，其中有一封信写道，“作为一位家庭主妇，十年来从来没有特别能引起我注意的床单广告——一直到这个广告为止。”

（3）兴趣特点。除了需要和期望，消费者的兴趣也是影响广告知觉选择的重要因素。心理学研究表明，人们对自己感兴趣的事物总是表现出迅速知觉并深入观察，仔细研究的倾向，而对那些不感兴趣的事物，则通常会视而不见。因此，广告要达到吸引消费者，并进而感染消费者的目的，就必须充分考虑到消费者的兴趣。

据一些心理学家的调查和研究，以下题材最能引起人们的兴趣：与人们身体健康有关的；关系到人们经济利益的；关于儿童的成长和生活的；能刺激人的欲望的；能给人以安全感的；能给人以美的享受的；有助于增强人们进取心的；能给人以舒适愉快的；有助于提高人们工作效能的；有助于促进社交活动的；激发人们自尊心和自爱心的；能给人以同情和慰藉的；等等。

其实，这些题材的核心，不外乎是抓住了人们生存和发展的需要。如果广告创作能从这些方面考虑，定能受到消费者的欢迎。

（三）广告知觉综合

任何一件商品（如乳白色的冰箱），尽管存在若干不同的部分，却都是由不同部分构成的一个整体，当消费者知觉它的时候，并不是把它知觉为它的某个部分（如乳白色），而是把它知觉为一个整体（即具有乳白色外壳的电冰箱）。这就是人们对商品知觉信息综合的结果。由于商品的各个部分在整体中所处的位置不同，因而，消费者在知觉商品时，并非“一视同仁”地知觉它的每一个部分，而是先清晰而深刻地知觉那些突出的、主要的、意义性更为明显的部分，而后才知觉那些不突出的、次要的、辅助的部分，这是知觉的综合过程存在主动性的表现。这一知觉的主动性使消费者能够觉察商品各部分间的差别与联系。例如，对于某种蔬菜，消费者首先注意的是它是否新鲜，而后才去注意它的价格等，因为蔬菜的新鲜程度对消费者来说是确定购买意向时最重要的一个评判标准。再如，大多数消费者在购买鲜鱼时，首先注意的就是鱼究竟是活的还是死的，至于价格则在其次。

有关知觉综合的特殊原则常与格式塔心理学派相联系,其中三条最基本的原则是:图和背景的原则、组合原则和闭合原则。

1. 图和背景的原则

人们具有把知觉到的各种刺激组合为图和背景关系的倾向。其中图是知觉的主体,它是封闭的、实在的,是突出在前面的,因而常被人们清楚地知觉到。而背景则是模糊的、朦胧的和连续的,相比图形就是次要的知觉对象。例如音乐作为刺激,人们或者在音乐声中进餐,或者欣赏音乐。这里,在第一种条件下,音乐只能作为其他活动的简单背景。在第二种条件下,它却成了图形,即知觉的主体。因为图形表现很突出,所以能很清楚地被人意识到,相比之下背景就显得次要和不太重要。

我们在进行广告设计时,应注意把想要宣传的产品凸现出来,让它成为整个广告的“图形”而不是作为背景。现在市场上有些印刷广告为了提高新颖性,常把产品画为白色,把背景涂为黑色,有些则用黑底白字的指导语来形成图形与背景的对比关系。这类广告的制作,特别注意突出图形,防止产生图形与背景的可逆关系。

如果所宣传的商品和商标不能成为广告的图形(即广告宣传的中心),这样的广告宣传就会失去意义。例如,一家钢铁公司,生产各种钢制产品,其中包括制作床垫的弹簧,他们的广告中画了一个漂亮的小姐在床上跳来跳去,而没有任何有关产品的展示。许多消费者大感困惑,不知道广告在宣传什么产品,即哪一个是图形,哪一个是背景。如今一些以美女为模特儿的广告也常犯喧宾夺主的错误。

2. 组合原则

个体具有自动地组合邻近刺激,使它形成一个完整的图形和印象的倾向。实验已发现,对刺激的知觉,组合或形成信息“块”要比离散的信息点更有利于记忆和回忆。

3. 闭合原则

通常人是有闭合需要的。当人们遇到不完整刺激模型时,会有意无意地填补其中的缺失部分,把它作为一个整体来识别。这是过去经验对当前知觉作用的一种表现,即部分刺激作用于感官时,人脑中储存的信息能够补充该事物的其他部分的信息,以产生一种完形。

（四）广告知觉解释

从前面关于知觉的阐述，我们可以看到知觉是一种个体现象。人们按照他们对刺激的觉察进行选择，并在一定心理原则的基础上综合这些刺激。对刺激的解释也常常是个体的过程，它也建立在消费者的先前经验、需要、动机、期望和兴趣的基础上。

刺激经常是模棱两可的。有些刺激相当弱是因为可见度差，持续时间短，噪音水平高和经常波动。即使是那些强烈的刺激也会由于从不同角度观察、距离变化、照明水平差异而呈现出明显的波动。

消费者通常把他所接受的感觉输入视为最可能产生特定刺激的根源。过去的经验以及与别人的交往都可能有助于形成某种期望，而这种期望会提供个人在解释刺激时能够使用的范畴或备选方案。个人的经验越狭窄，他获得选择范畴的局限性也越大。

因此，消费者对感知到的广告信息如何进行解释，既依赖于广告刺激本身的清晰度，也依赖于消费者过去的经验、知识和他在知觉时的动机及期望。从某种意义上说，消费者对于输入信息的解释完全是主观的信息加工过程，因而会经常产生偏见，这是广告制作宣传者应该注意的。

二、广告知觉偏误的产生

消费者在对商品广告的知觉中，常常会由于自身的经验、知识、需要、愿望等主观因素的影响，而产生这样或那样的偏见，它们对广告知觉的影响有利有弊。最常见的广告知觉偏误有以下这些。

（一）模特效应

消费者在对某种广告产品的特性进行归因时，常有把广告模特的形象与广告产品的特性、效能联系起来的倾向。例如，由一个健康、活泼、形象可爱的婴儿来做婴儿用具或婴儿奶粉广告，效果往往不错。强生婴儿用品、亨氏婴儿食品的广告就是这样。而美容、护肤产品的广告通常会选用容貌姣好、肌肤白皙的女模特为其产品做代言人。近年来，国内每一种洗发产品的推出，几乎都是以广告中模特飘逸秀美的长发来吸引广大消费者的。因而，广告设计者在选择模特时，要根据所推销产品的使用特性，来考虑模特的说服力。

（二）首次效应

首次效应即第一印象，也就是第一次接触事物留下的印象往往会成为一种心理定势，而影响以后对它的看法。

（三）晕轮效应

晕轮效应和首次效应一样，都具有普遍性和带主观色彩的一面，但两者又有区别。首次效应是从时间上来说的，由于前面的印象深刻，后面的印象往往成了前面印象的补充；而晕轮效应是从内容上来说的，由于对知觉对象部分特征印象深刻，而将这部分印象泛化为全部印象。在现实中，首次印象往往是晕轮效应的前奏，两者都是以点带面、以主观代客观。就好像找对象，见面后的第一印象往往决定了双方关系能否发展下去。如果女孩长得非常漂亮或男子显得气度不凡、非常富有，则关系很容易发展下去，而且会因对这些优点的放大，而在以后的日子里忽视对方的其他不良之处。

而广告活动的目的就是向消费者宣传产品、促销产品，因而充分利用消费者的晕轮效应进行正当的宣传是非常必要的。比如，在广告中突出产品的某个或某些与众不同的优点，使消费者对产品形成良好的印象。所以，一般有实力的企业在向市场推出新产品时，都会花费巨额广告预算，以达成在消费者心目中的一个美好的印象。

（四）移情效应

我国民间有“爱屋及乌”与“恨屋及乌”的说法，即指人们习惯于将对某一特定对象的情感迁移到与该对象相关的人或事物上去，心理学称这种心理现象为“移情效应”。“移情效应”也是一种心理定势，它既表现为“人情效应”，也表现为“物情效应”和“事情效应”。消费者对于商品广告的认知常常有“移情效应”的心理定势，不少消费者对于广告产品的好恶，取决于他们对于广告形象的好恶。比如，不少厂家、商家选用深受消费者喜爱的歌星、影星、体坛明星来做广告，就是利用了消费者的“移情效应”，顺应了人们的情感流向，设法把公众对明星的喜爱之情迁移到自己的产品上来。当年李默然的“三九胃泰”广告的播出，不仅提高了企业的知名度，也极大地提高了产品的销售量；体操王子李宁推出的健力宝饮料，亦赢得了公众像喜爱这位体操明星一样的情感。“万家乐”热水器、“力士”香皂、“飘柔”洗发水等，都多少沾了明星的光，在消费者心目中确立了自己的形象。同样，也有一些产品是因为广告形象令公众反感，而破坏了产品和企业的声誉。比如，前几年有一位当红明星，因为无知和忘乎所以，严重损害了国人的民族感情，引起人们的普遍反感。结果许多原拟高价请她做广告的企业收回了决定，一时间她的广告价码狂跌。

移情效应在广告中表现得非常普遍，利用消费者的移情效应，创造好的广告形象，以树立良好的产品和企业形象，是非常必要的。值得注意的是，运用这种方法应该实事求是，弄虚作假最终会自食其果，断送企业的前程。

（五）名人效应

名人效应的作用机理与移情效应非常相似，但两者也存在很多不同。或者说，名人效应是利用了移情效应的一种广告效应方式。影视明星、社会名流常常是公众关注和敬仰的人物，通常一个知名度很高的公众人物、明星都拥有一大批崇拜者。因此，名人、明星广告往往带有新闻性的色彩，容易激发人们的注意和兴趣，其注意程度与广告价值均很高，对商品信息的传播具有很高的权威性，可以使广告所宣传的商品产生难以抵御的魅力与影响力，减少了广告的宣传色彩，冲淡了观众的防范心理。名人、明星在广告中巧妙地扮演了一个说服者的角色，让人们在不知不觉中被感染和说服。比如，汪明荃为"万家乐"热水器做的广告，便是一则成功的广告。汪明荃作为影视红星，游历过世界各地，因此由她告诉人们她所用过的许多热水器中，"万家乐"是最好的，自然令人信服，能引导消费者在购买时选择这一品牌。在这则广告里，明星的承诺较普通人具有更高的可信性，毕竟对一般人来说，谁有机会用过那么多品牌的热水器呢？

然而，值得提醒的是，名人效应并不完全都是正面的，利用名人效应能提高产品的知名度是有前提的。当明星与广告产品毫不沾边，或创意上毫无新颖、独特之处的广告，无论请哪个名人来做都不会使观众对广告产品留下深刻印象。比如，不少观众反映"美的"空调广告，让国际级影星巩俐身披轻纱飘入大厅，而后优雅地坐下，露出妩媚的笑容。除了能获得一睹佳丽芳容的享受外，对广告产品印象极为模糊，更无法对它产生其他更有意向性的关注，即人们的注意力、兴奋点集中在明星身上，而忽略了产品本身。这是请明星做广告时需注意的，要摆正图和背景的关系。尤其是对创牌子的广告来说，如果不能把明星与广告产品的特性结合起来，广告的效果就很有限了。

另外，选用名人做广告，所聘请的名人最好不是经常在广告中出现的人物。倘若某个名人今天为电视机做广告，明天为热水器做广告，后天又为方便面做广告，那就未免太多太滥，他在观众心目中的威信就会下降，甚至令人反感、厌烦，这反而会殃及广告产品，破坏企业形象。

（六）刻板印象

刻板印象是指人们对于某一类事物产生一种比较固定的看法，也是一种概括而笼统的看法。例如，社会上人们常常会用籍贯、地位、职业、年龄、性别等将周围的人划分为不同的类别，并对同类别的人产生相同的固定印象。像南方人细心、精明，北方人豪爽、热情；年轻人“嘴上无毛，办事不牢”，老年人“保守”“迂腐”“思想僵化”；以及“无商不奸”等，都属于刻板印象之列。

消费者在对商品及广告的知觉过程中也存在着大量的刻板印象。比如，不少人认为进口商品一定比国产的强，常常做广告的商品肯定是销路不太好，商家总是重利轻义、以赚钱为目的等。这些刻板印象常常使消费者对不少商品广告持怀疑态度，影响了许多产品（主要是国产产品）及广告在消费者心目中的形象。因此，广告要真正赢得消费者的信赖，就必须设法改变消费者某些不合理的刻板印象，尽量消除消费者的疑虑。

消费者的刻板印象是长期积淀而成的，广告工作人员应该深入细致地调查研究，有针对性地冲破不良的刻板印象，同时使自己的产品及广告在消费者的知觉中形成有益于自己的良好的刻板印象。比如，在20世纪50年代，日本产品在美国市场的声誉不佳，大多数人将其与“质量低劣”“价格低廉”等词语紧紧联系到一起。结果日本的企业和广告人花费了巨大的精力与财力，逐渐改变了美国消费者心目中的日本产品形象。我国的浙江、福建等地的企业现在也面临与当年日本产品相似的处境。由于前些年这些地区的假冒伪劣现象严重，大大影响了当地产品在国人心目中的形象。现在当地很多有实力的企业发起全国性的广告攻势，力图摆脱刻板印象对其造成的负面影响。

三、广告知觉偏误的消减

由于广告知觉的偏误可以产生于广告知觉的各个阶段，且造成广告知觉偏误的原因多种多样，既有广告制作方面的原因，也有广告受众的主观原因及广告接受时的环境影响。所以，有效地消减广告知觉偏误的产生，是一件非常复杂而困难的工作，必须针对具体情况进行分析。

在广告知觉的偏误中，部分偏误可以通过一定的方法进行消减，但也有一些是不可消减的影响。要分清具体情况，尽量把广告知觉偏误对广告效果的影响减小。

从传播学的理论看，广告知觉的偏误其实就是广告信息在编码、译码的过程中发生了错误。因为广告信息需经过广告制作者的编码、传递，再经过广告受众的译码、解码，才能被广告受众理解。一般来说，这种转换的次数越多，被误解的可能性越大。为加强理解、减少误解，一个有效的对策便是使传播建立在接收者的观点基础上。因为，它意味着接收者不需经过更多的转译。这需要在广告策划过程中，高度重视前期的市场调查，广告策划和创意都要建立在对目标受众充分了解的基础上，尽可能使广告接近消费者的知觉经验和知觉习惯。针对消费者的主观知觉特性，广告制作者可以通过调整广告的内容布局、精心设计广告的情感诉求方式、改进广告的设计制作水平、选择有利的广告传播渠道及投放时机等，来减少广告知觉偏误的发生。对于最容易引起知觉偏误的广告语，要在市场调查充分的情况下仔细、反复地推敲。对于消费者如何使用广告里用以表述广告信息的词语进行分析，具体分析方法有三个：①语义分析，即接收者把词语译成意思；②文法分析，即接收者对叙述中词语间彼此如何联系的解释；③实际情境分析，即接收者对词语所在情境（即境联）的解释。这些分析结合起来就不难弄清接收者从广告中所理解的意义是什么了。掌握了这些，广告制作者就可以最大限度地减小消费者在广告知觉上的偏误。

第二节　记忆与广告强化

一、记忆的概述

记忆是过去经历的事情在人们头脑中的反映。人们在社会生活实践中，对感知过的事物、思考过的问题、体验过的情感、进行过的行为与活动等，都能以经验的形式在头脑中保存下来，并能够在一定条件影响下再现出来。由于记忆这种心理活动的存在，就能够使人们把以往获得的知识作为经验积累下来，并用于指导人们现在的各种活动。

记忆的基本过程是识记、保持、再认和回忆。从信息论的观点看，记忆就是一种信息输入、编码、储存和提取的过程。识记是把有关的信息记在头脑里；保持是把头脑中的信息储存一段时间，并能够在以后需要的时候把这些信息再现出来；而以前经历过的这些信息重新出现时，感到熟悉，能够认出它们是自己曾经记忆过的，这就属于再认；回忆则是把以前经历过而当时不在眼前的信息内容在头脑中再现出来。

二、强化广告记忆的方法

（一）将广告信息进行适当的重复

现代认知心理学关于记忆系统的研究表明，外界信息要进入人的长时记忆系统之中，其最重要的条件就是重复。所以，要提高人们对广告的记忆效果，更确切地说，要提高人们对广告信息的记忆效果，最重要的手段就是将广告信息不断地加以重复。重复不仅可以加深对广告内容的记忆，还可以使视听者增加对广告的亲切感。但是，重复要增加广告费用，过度的重复，从经济效果看，不一定划算；从消费者的情绪反应来看，不能妥善处理重复，也不一定收到预期效果。因此，广告的重复也应从经济和技巧上通盘研究，尽可能做到以最少的支出取得最大的效果。

（二）广告信息数量恰当

广告要在有限的时间和空间内进行传播，心理学的研究表明，学习材料越多，遗忘的速度越快。广告是一种短时的记忆，而短时记忆的容量只有5～9个单位。因此广告中所传递的信息只有简短、易懂才能取得成功。

（三）广告形式新颖独特

新颖独特的信息在记忆中不容易受其他信息的干扰，记忆比较牢固，提取也比较方便，因而容易回想起来。因此，选择创意新颖独特的广告形式是提高广告记忆度的一个有力的手段。广告形式新颖独特应当包括三个方面：广告表现形式新颖独特；广告媒体形式独特；广告编排形式新颖独特。

（四）减少信息变异

记忆不像一面镜子，反映镜外的事物，机械静止一成不变。记忆是一个动态的过程。在保持阶段，储存的经验会发生变化，保持的数量会随时间下降；由于每个人知识经验的不同，加工组织的方式不同，保持的内容会受到头脑中已有图式的影响，发生变化。人在记忆时是按照自己的图式进行编码、加工，此时记忆表象在某种程度上被自己的想象和已有经验补充着，因而每个人对客观事物的记忆都夹杂着自己的固有经验与想象的成分，在一定程度上产生信息变异。这种变化使广告内容趋于概括化、意义性，不重要的细节会渐渐遗忘。

（五）运用多种感官同时参与记忆

心理学研究表明，视觉识记的效果为70%，听觉识记效果为60%，视觉与听觉双重识记的效果为86.3%，从这些数据可得知，多种感官同时参加的识记，记忆效果优于单一感官的识记。

为了帮助消费者更好地记住广告内容，应尽量考虑广告载体是否能更好地调动消费者的多种感觉通道、多种感官的同时作用，加深印象。这也是当今电子媒体比印刷媒体更受广告主和广告商青睐的根本原因。再如现场展示会、博览会，它不但可让消费者看，还可说给消费者听，同时消费者还可触摸，如果是食品，还可现场品尝，因此，这种展示会能给消费者留下深刻的记忆痕迹，能起到很好的宣传效果。

第三节　态度与广告说服

一、态度概说

（一）态度的概念

在英文中，attitude 源于拉丁语 aprils，这一语词具有两种基本含义：第一，具有“适合”或“适应”的意思，指对行为主观的或心理的准备状态；第二，在艺术领域中，这一概念指雕塑或绘画作品中人物外在的和可见的姿态。可以说第一种含义的“态度”是心理学的，第二种含义的“态度”则是解剖学的。

最先在现代意义上使用“态度”这一概念的研究者是英国社会学家赫伯特·斯宾塞。1862年，斯宾塞在《第一原理》中写道：“在争议的问题上达到正确的态度，我们就必须去了解普遍的人类信仰在多大程度上是正确的以及在多大程度上是不正确的。”此后，心理学家们从不同角度对“态度”进行研究和界定，公认的较为经典的定义主要有以下四种类型：

（1）将态度纳入认知体系中。心理学家洛开奇把态度看作是一种具有结构性的复杂的认知体系，认为“态度是个人对于同一对象的数个相关联的信念的组织”。心理学家丹尼尔·卡茨也认为态度是“评价某个符号或对象的倾向。”

（2）将态度看成是情感的标志。比如爱德华兹就认为，在这方面是

“与某个心理对象有联系的，肯定或否定感情的程度不同”。这种定义偏重于情感方面，强调的是赞成或不赞成，喜欢或不喜欢。

（3）从行为反应的准备状态来界定态度。例如，G. 奥尔波特的定义：“态度是根据经验而组织起来的一种心理和神经中枢的准备状态，它对个人的反应具有指导性的或动力性的影响。”

（4）将认知、情感和行为都平等地容纳于态度之中。例如，弗里德曼等人指出：“态度对任何给定的客观对象、思想或人，都具有认识的成分、表达情感的成分和行为倾向的持久体系。”

因此，根据以上分析，我们可以对态度作如下界定：所谓态度，是个体对一定对象所持有的相对稳定的心理反应倾向，它由认知、情感和行为三个要素组成。消费者态度是消费者个体评价或对待客观外界对象较为稳定的心理倾向，主要是针对商品、企业、销售人员、广告、包装、价格等心理倾向。

（二）态度的结构

态度的认知、情感和行为三要素，又称为态度的结构。作为外界刺激与个体反应之间的中介因素，态度的结构可作以下图解（图 5-1）。

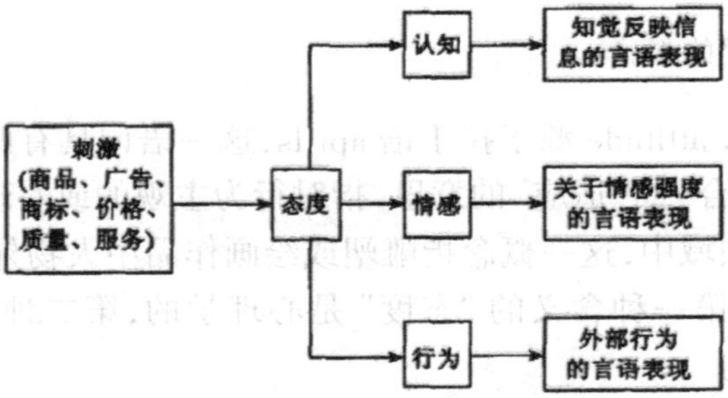

图 5-1 态度的结构

从图 5-1 中我们可以看出，认知是对态度对象的知觉和理解。消费者要对某种商品或劳务产生态度，必须至少了解一些最低限度的信息。我们每天接触难以计数的品牌和各种各样的广告，但我们绝不可能将它们全部记住，绝大多数广告如同过眼云烟，没有给消费者留下印象。因此作为营销人员，必须不断地给消费者传达有关商品的信息，让消费者对商品有一个初步的了解和印象，为态度的形成打下基础。

二、态度改变的策略

（一）广告频次的加强

广告信息必须通过媒介这一载体传达给广告受众，再好的产品或服务、再好的广告创意，如果采用的媒介策略没法让受众记住或无法改变受众对广告产品或服务的态度，那么广告目标也无法达到和实现。

媒体策略的基本考虑有三方面的内容：广告对象、广告次数和广告时间。这三者转化到媒体指标上，即是到达率（reach）、暴露频次（frequency）以及持续性（continuity）的确定。在固定媒体预算条件下，这三个变数如有一个增加即会迫使其他两个减少。有些学者提出，暴露频次最能左右广告效果，所以，媒体计划应以此变数为中心去考虑。

暴露频次是指在一段时间内，某一广告暴露于目标消费者的平均次数。受众接触广告次数的多少，与他们对广告产品产生的反应有着直接的关系。广告次数过少，未能超过受众的感觉阈限，广告就没有效果；广告次数过多，不仅浪费，而且会引起消费者的厌烦情绪。

（二）广告创意的调整

大多数消费者是通过广告来了解产品或服务，然后采取购买行动的。广告所呈现的内容极大地影响着受众对产品的第一印象，所以，采用什么样的方式传达广告主想要传达的信息是至关重要的。

广告创意是在广告创意策略指导下，围绕最重要的产品销售信息，凭借直觉和技能，利用所获取的各种创造元素进行筛选、提炼、组合、转化并加以原创性表现的过程。它是广告活动中的一个重要环节，对于“打动大众，促进大众去购买”起着重要作用。

20世纪70年代初，日本本田公司在美国市场推销本田摩托车，广告策略仍然沿用其在日本本土的广告策略，即一味诉求本田摩托车的品质、功能等如何优异。两年过后，本田摩托车在美国市场上却无人问津。基于此，本田公司更换了广告代理公司，新任广告代理公司在接受本田公司的广告代理委托之后，首先运用水平型思维方式，努力寻找出本田摩托车在美国市场销售不佳的原因。经过调查分析，广告公司的创意人员发现消费者对本田摩托车本身并没有什么不满，而是因为他们长期受警匪片中的反面人物均是骑摩托车的场面影响，形成了一种凡是骑摩托车的人都是坏人的印象，这直接阻碍了他们对摩托车的购买欲望。问题找到了，在广告创意上自然就容易对症下药。这样，创意思维就有了明确的目标，其广告创意的主题就由过去对产品品质的诉求转变为对摩托车使用者身份的宣传，即骑摩托车的都是好人。广告表现也很简单，以在美国深受人们尊重的律师、教授、医生等有着正当职业和身份的人做本田摩托车的广告模特，从而在心理上逐步消除人们“恨屋及乌”的消费心理，一举扭转了本田摩托车在美国市场不景气的销售状况。

（三）整合传播的应用

整合营销传播理论是由美国西北大学教授舒尔兹等人提出的，被认为是市场营销理论在20世纪90年代的重大发展。整合营销传播是一个营销传播计划的概念，其基本含义是“要求充分认识用来制订综合传播计划时所使用的各种带来附加价值的传播手段，如普通广告、直效广告、销售促进和公共关系，并将之结合，提供具有良好清晰度、连贯性的信息，使传播影响力最大化”。

消费者对一个公司及其各个品牌的了解，来自他们接触到的各类信息的综合（包括媒体广告、价格、包装、售点布置、促销活动、售后服务等）。整合营销传播的目的在于使公司所有的营销活动在市场上针对不同的消费者进行“一对一”传播，以形成一个总体的、综合的印象和情感认同。这种消费者建立相对稳定、统一的印象的过程，就是塑造品牌，即建立品牌影响力和提高品牌忠诚度的过程，也就是让受众态度转变、稳定的过程。

简单地说，“整合传播”是研究如何向别人有效并高效地传递信息，以致最终改变人的认识和行为的理论。为了达到“有效”，就必须了解对方想了解什么信息、什么样的信息最容易使其接受，并最终影响到其行为的产生。为了达到“高效”，就必须把多种传播方式、手段整合起来，达到传播的最佳效果。具体来说，“整合传播”就是解决“对谁传播”“传播什么”“怎么传播”“在何时、何处传播”以及“如何使传播更为有效”等一系列问题的。

第四节 广告媒体及其心理效应

一、传统广告媒体的心理效应

(一)报纸媒体

报纸作为四大媒体之一,发行量大、涉及面广、种类繁多,综合运用文字、图形等印刷符号,定期、连续地为公众传递新闻、时事评论、娱乐和广告等信息。报纸是最早被广告主利用的大众传播媒体,是世界上主要的广告媒体。

在广告媒体多元化的背景下,报纸依然在广告领域占据重要地位,通常把报纸作为主流媒体看待。报纸是最重要的平面媒体,多用于说明性、促销性、品牌形象性广告。

1.报纸媒体的心理特点优势

(1)受众明确。报纸以文字图形传播为主,对识字能力的要求限制了部分文盲或文字阅读能力较差的人阅读,在一定程度上制约了受众面,使报纸受众具有较高层次的文化素质。通过报纸读者市场的细分,广告主选择目标消费者接触机会多的报纸媒体做广告,由于每一种报纸都有明确的读者群和发行地区,保证了广告对固定读者进行反复诉求。

(2)主动选择性强。受众在阅读报纸时往往不是通读,报纸版面不断增加,大量广告分布其中。为节约时间,读者是有选择地阅读报纸的某些版面或部分,略过自己不感兴趣的部分,对报纸中有的内容可能根本不接触,导致报纸广告的受众远远低于阅读报纸版面的受众。

(3)覆盖范围广。报纸价格低廉,易于购买,内容丰富,覆盖范围广,读者的数量众多,适合于任何社会人群。报纸所具有的大众化特点,适合任何一种商品和服务的广告宣传活动。发行量大的综合性报纸,所载信息种类繁多,吸引各行各业的人阅读。受众可从不同的广告专版中,获得相应的广告信息,节约时间和资金成本。

(4)形式灵活多样。报纸广告的版面编辑可大可小,可以在同一版、可以分散在不同的版、可以通栏两个甚至多个版,可以与新闻交织排版,可以是黑白页面也可以是彩色页面。报纸灵活多样的表现形式为各类广告主提供了充分的选择机会,报纸的特色使报纸广告能尽最大可能将广告信息传递给目标受众,甚至努力让所有受众在接触报纸时受到广告的冲击。

(5)不受时空限制。由于报纸具有保存价值,其内容无阅读时间和地点的限制。报纸可以保存的特点,使得报纸刊登的广告长时间内都具有信息传递的可能。其中有用的广告,受众还可以剪下保留以备查阅或送给相关人员阅读。由于载体的便利性,报纸广告信息的传递,能获得广泛和长时间的保留。

(6)可信度比较高。报纸作为新闻媒体,在读者中享有较高的威信。在大众媒体中,报纸的发展历史最为悠久,严肃而公正的报纸,其权威性和可信性在人们的心目中留下了深刻的印象。“爱屋及乌”的心理倾向,使得读者对权威报纸刊登的广告也产生较大的信任感。出于读者对报纸的一贯信任,使报纸广告显示出较高的可信任程度,是其他媒体无法比拟的。

(7)传播迅速。报纸出版发行信息更新迅速,每种报纸都有特定的发行渠道,发行对象比较固定,发行量大的报纸影响面较宽,广告能充分地发挥作用。广告主可以通过报纸以很低的成本将广告信息传播到有独特偏好的目标群体受众,甚至通过报纸使广告信息覆盖全国的各个社会阶层,传播到海外。

2.报纸媒体的心理特点劣势

(1)生命周期短。日报、早报和晚报每日出版,周期较短更新迅速,读者多在当日阅读后抛弃。由于出报频繁,日报的平均生命周期只一天。报纸的时效性很强,当日的报纸被读后即成历史,读者再接触报纸广告的可能性很小。绝大多数读者只读当天的报纸,极少有人读隔日的报纸。

(2)干扰度高。报纸以新闻报道为主,广告往往难以占据突出位置,读者阅读时必须对报纸的信息进行选择,一般先浏览标题、副标题、图片,然后阅读文字。报纸广告处在报纸版面之中,往往成为被忽略的对象,读者常常有意地跳过广告版面。报纸广告受版面大小限制,在同一版面登有多种广告,干扰度高,影响读者的阅读。

由于受低成本的影响,报纸广告印刷质量较差,许多报纸广告以文字为主要传递信息,版面设计较形式单一。图形平面广告往往简单套色印刷,以保证低成本。由于印刷质量不高,大多数报纸广告印刷效果不好,画面精度不高,这影响了广告信息的传达,无法和杂志的印刷质量相比。

(二)杂志媒体

20世纪以来,现代印刷技术、造纸技术、摄影技术及数码技术等的飞速发展，生动、具体、丰富、多彩的视觉表现使杂志成为重要的广告媒体之一，杂志更加偏重知识性和教育性信息传播，满足了读者对知识、信息、娱乐等方面的需求。利用网络技术在互联网上提供的电子杂志，已成为新广告媒体之一。

1. 杂志媒体的心理特点优势

（1）读者针对性强。杂志都有专业化的定位，在内容和形式上都富有鲜明的个性特点和风格色彩，且有其固定的受众群体。不同需求的读者群体，有目的性地订阅不同的杂志，使得杂志广告的针对性大大高于其他大众传播媒介，目标消费群体单一。广告主可以按目标消费者的特点，在相应的杂志上刊登广告，具有极强的针对性，适于广告受众的理解力。

（2）接触频次较高。与报纸一样，杂志具有反复阅读和长期保存的优势。通常，杂志不会只逗留在一个读者手中，被他人传阅的概率很大。装订成册的杂志便于存放和查阅，享有较长的保存期和阅读期。此外，杂志的发行周期较长，且篇幅多，大部分读者要在一段时间内分几次才能读完，多次接触杂志也增加了杂志广告被接触的次数。

（3）视觉吸引力强。杂志采用高质量的纸张和彩色印刷，印刷品质精美，视觉效果逼真，给读者带来视觉上美的享受，促进产生心理认同。杂志广告可以刊登在显著的位置，如封面、封底、封二、封三、插页；可以刊登整页甚至多页广告，可以以年历、海报、书签等各种独特的形式出现。杂志广告适合对产品的形象和功能进行图文并茂的表现，提高了杂志广告的注意度和记忆度。

（4）生命周期长。杂志是所有媒体中生命力较强的媒体。杂志具有比报纸优越得多的可保存性，出版周期一般在一周以上，文章内容有效时间长，且没有阅读时间的限制，可长期保存。杂志的重复阅读率和传阅率也比报纸高，一份杂志可能辗转经过多人之手，被重复阅读的次数较高，可以通过家人、朋友、顾客和同事得到更广泛的二次传阅，有许多间接读者，广告效果持久。

（5）创意空间大。杂志广告创意空间大，杂志可提供足够版面，将广告信息完整准确地表现出来。利用封页、内页及插页做广告，位置不同，效果相异，精美的杂志广告吸引读者的目光，促进广告的记忆。杂志广告有多页面、折页、插页、连页、变形和专栏等多种形式，通过创意设计制作广告，利用技巧性变化安排广告内容，使杂志广告版式具有创造性和多样化。

2. 杂志媒体的心理特点劣势

（1）时效性不强。在四大媒体中杂志出版周期长，不能登载具有严格时间性要求的广告。杂志受出版周期的限制不能及时发布时效性较强的广告信息，所以其广告来源范围较小。杂志时效性不强的特点，影响广告主选择杂志登载广告。

（2）影响面窄。杂志的专业性强导致读者群体相对较小，某一领域的专业杂志局限于特定的对象，无法大规模向社会各个阶层传播广告信息。同一杂志的读者往往集中同一行业或地区，影响面窄，读者的同质性极高。

（3）广告费用较高。杂志发行量小、成本高、专业性强，广告费用较高。由于精美的印刷需要较高的设计制作成本，使得杂志广告制作费比较高；杂志的读者群体小，广告影响面窄，广告刊载费用比较高，因此杂志广告收费比较高。

（三）广播媒体

广播是四大广告媒体之一，广播媒介产生于20世纪初，曾是人们获得信息的主要途径之一，在其后的多种广告媒介的竞争中，广播凭着其独特的功能保持竞争力，在广告市场中占有相当地位，发挥着较为重要的作用。广播媒体是传播广告信息最快的媒体之一，由广播本身具有的特性决定的，在我国也是最大众化的广告媒体。

1. 广播媒体的心理特点优势

（1）覆盖面广。广播以电波为载体传递信息，传播速度快、范围广，基本上不受时间和空间的限制，无论城市乡村都可以听到广播节目。广播是接触成本最低的媒体，没有电视机的群体、没有阅读能力的群体都可以听广播获得信息。

报刊发行无法及时送达的偏远地区，通过广播可以在最短的时间里迅速传播信息。广播以低成本运行，传播最有价值的新闻或信息，到最偏远的地方。因此目前乃至今后一段时间，广播仍将是重要传媒之一。

（2）收听方便。无线广播的接收简单，只需一部收音机就可以收听。广播通过声音传递信息，只要有一定听力的人，都能成为广播的收听者，不受环境条件和文化水平的限制，因此广播成为一种可以"一心两用"的媒体；收听广播的工具携带方便，能够深入各种场合。因为受众只需要用耳朵接收广播信息，因此广播是信息接收条件非常低的媒体。

（3）时效性强。大多数广播节目都是直播，具有非常强的时效性，因此，可以采用广播发布促销广告。在所有媒体中，广播截止期最短，文案可以直到播前才交送，这样可以让广告主根据地方市场的情况、当前新闻事件甚至天气情况来调整广告内容。

广告主可以随播随改广告信息内容，使广告获得最大的传播效果。广播广告可以在活动进行中直接播出，这是广播广告优于其他媒体广告的地方。

（4）费用低廉。广播是主流媒体中最便宜的媒体。首先广播时间成本很低，能被广泛地接收到；其次制作广播节目和广告的成本也很低，这两个方面使其成为非常好的广告辅助媒体。多数广播广告其适宜的地位是辅助性广告，作为其他媒体广告的辅助和补充，起到向消费者提示广告信息的作用。

（5）对特定受众影响力大。广播的主要受众往往不是其他媒体的重要受众，对广播媒体有很高的依赖性和忠诚度，如司机、老年人等。而且，广播独有的双向信息的及时沟通，加强了受众对广播的信任，提高了广播对受众的影响力。广播广告对特定受众影响力大，广告主通过广播广告可低成本地将广告信息传达至广告受众。

2. 广播媒体的心理特点劣势

（1）易被疏忽。广播主要是以声音传播，属于听觉媒体，作用时间短暂，转瞬即逝，很容易被漏掉或忘记，难以给人留下深刻的印象和较长久的记忆，很多人把广播视为背景声音，而不去认真听它的内容。广告的信息易被疏忽，一过性的播出方式使广告受众难以记住广告内容，广告信息易于失真。

（2）难以存查。广播的声音稍纵即逝，信息不易保存，这给受众对信息的记忆增加了一定的难度。接续性的广播内容使广告受众不能瞻前和顾后，对广告信息实现整体把握。广播进行性不间断播出的广告信息形成信息保持困难，难以存查广告内容，直接影响广播广告的播出效果，广播广告的无形性和流动性，使广告信息的准确性大受影响。

（3）有声无形。广播没有视觉形象，只能听不能看。声音的限制会阻碍广告创意的表现，广播很难表现商品的外在形象与内在质量，需要展示或观赏的产品并不适合做广播广告，因为消费者无法得到对商品外观和形象的清晰认识，会使广告效果受到一定程度的影响。利用声音可以形成一定的想象空间，通过广播广告信息建立产品的形象。

（4）被动收听。与印刷媒体的读者主动阅读相反，广播的收听是被动的。广告受众对广播广告能预知，只能被动收听。

（5）信息传递渠道单一。广播广告只能用单一的语言传递广告信息，听众也只能通过听觉接触广告信息。对于一言难以描绘的内容，广播广告难以承担；但是，如果能够恰当地运用这种单一的表达形式，可以减少受众因多感官接触带来的信息矛盾与冲突，避免广告构成要素之间互相干扰。

（四）电视媒体

电视是四大媒体之一，由于电视的视听传媒特色，虽然发展历史最短，却最具发展潜力，在广告市场上具有很强的竞争力，是当代最有影响、最有效力的广告媒体。电视在现代日常生活中占有重要地位，是人们最主要的信息来源和文化娱乐途径。

数字电视技术的进步和推广，改变了电视节目单向传播和观众被动接受的方式，观众将根据自己的喜好点播电视节目，与电视台开展互动。

1. 电视媒体的心理特点优势

（1）受众面广。电视是最容易接触的媒体，只要有正常的视觉与听觉的人都能看电视，电视媒体受众面非常广泛。人在信息接收方面，通常观看比倾听容易，倾听比阅读容易。以观看为主的电视媒体成为最容易接受的媒体，因此受众面广。受众通过视听的双通道感知广告信息，大大降低了对广告信息接收的难度。

（2）冲击力强。电视画面和声音的结合产生强烈的冲击力。电视媒体视听结合，电视广告能够以感人的形象、优美的音乐、独特的技巧给观众留下深刻的印象。电视的图像和真切的同期声能给人以最强烈的现场感，让人犹如身临其境。电视广告声、形、色兼备，同时诉诸视觉和听觉给人以美的享受，有利于人们对产品的了解，突出产品广告的诉求重点。

（3）形式多样。电视集声、形、色于一体，既可直接介绍产品，也可以把广告信息放在故事情节、歌曲、漫画特技之中，形式灵活多变，让人耳目一新。电视也允许很大程度的创新，因为它将画面、声音、颜色、动作和戏剧结合起来。电视的多媒体特性使得电视广告得天独厚，广告信息传播效果极佳。

（4）收看率高。电视是以电波传递音像信息，不受时空限制，传播迅速，覆盖面广。在城市，几乎每个家庭都拥有一台电视机。由于电视具有综合性、服务性、娱乐性等特点，受不同层次、不同年龄、不同职业、不同兴趣的广大观众喜爱，收看率高。现场实况转播重大体育比赛，会吸引大量的电视观众收看，以致“万人空巷”。

（5）电视广告强迫传播。只要打开电视机，无论是主动还是被动，广告信息都会按时播出，让人无法躲过广告信息的冲击。在观众的心目中，电视广告不是服务性的，而是营利性的。因此，观众自然而然地对广告产生防御心理和抵触心理。尽管电视广告不太受欢迎，但是由于电视广告总是插播在其他节目之中或之间，这为电视广告到达受众提供了很多机会。

2. 电视媒体的心理特点劣势

（1）传播效果的一次性。电视信息转瞬即逝，不可逆转，因此大多数电视广告是重复播出，起到加深印象的作用。电视播出的"一过性"特点，往往使广告受众不能确切地记住广告信息，由于电视节目是事先安排播出时间，广告受众无法选择。

（2）制作复杂成本高。由于电视广告制作复杂。程序较多，电视广告的制作和播放的成本非常高。虽然人均成本低，但绝对费用可能很高，尤其是对于中小型公司来说。同时电视广告的播出费用也高，因而播放次数和广告时间长度都受到限制。

（3）电视广告重复次数与效果。广告的重复刊播，在媒体上（特别是电视媒体上）早已是司空见惯的事情，绝大多数大众媒体广告（特别是广播、电视广告）有重复现象。只不过是有的重复次数多，有的重复次数少。既然广告的重复刊播是必然的，那么，对于广告主和广告人来说，最重要的是如何进行重复，以使广告传播达到最佳效果。

广告重复有哪些作用呢？广告重复刊播能够提高品牌知名度，促进受众对广告内容的理解和记忆，实现广告的说服目的。但广告重复会影响品牌的感知质量。

广告重复有正面效果，也有反面效果。广告重复可多也可少。那么重复的次数与广告效果的好坏、大小关系如何呢？这是广告主很关心的问题，也是一个很值得探讨的问题。

二阶段认知反应模型是卡西奥波和佩蒂提出的。他们主张广告效果与广告重复之间成倒 U 形曲线关系。

佩蒂和卡西奥波认为，在第一阶段，即广告暴露次数少时，重复暴露为受众提供了更多的机会去考虑广告的内容及其含义。重复呈现克服了人们进行信息加工的时间限制，使得精细加工的可能性随重复次数的增加而提高。精细加工使受众充分地接受广告信息的说服力，因此增强了说服效果。在第二阶段，适当地重复促进了人们对广告论点的客观评价。但是，随着冗长乏味的唤起，信息加工开始转向有异议的论点，同时指向广告诉求的情境因素。

当重复次数过多时，受众会尽量回避接受广告诉求，把认知活动转移到其他信息上，如看杂志时翻到下一页，看电视时调到别的频道。但是，如果受众不可能或不愿意回避接触广告，如不得不观看精彩电视节目中穿插的广告，此时受众一方面可能进一步对广告进行精细加工，找出广告论点、论据的毛病，因而产生一些反对性的看法；另一方面，受众可能唤起一种消极的心境，在这种消极的心境下，受众容易对广告或广告陈述的观点产生消极的态度。

广告适当的重复暴露有助于提高广告宣传效果，但过多的重复不仅浪费了广告费，还会产生副作用。那么，广告究竟重复暴露多少次为妙？

为了达到有效的宣传效果和尽量节省广告费支出，下列几点意见供广告主和媒体策划者参考。

（1）内容抽象、复杂、信息量大的广告应加大重复量；相反，内容具体、简单、信息量小的广告则不宜重复过多。

（2）受众了解少的产品，其广告重复次数可以多一些；为人熟知的产品，广告重复次数可以少一些。

（3）不太引人关注的产品，其广告可以加大重复量。

（4）消费者信赖程度高的产品应少重复；反之，则要多重复。

（5）幽默广告不宜有太多的重复。

（6）广告论据有力，可以多重复；论据无力时，则少重复为佳。

（7）受众喜欢的广告可以多重复，受众不喜欢的广告则要少重复。

（8）存在大量竞争广告时，应该加强重复。

（9）如果需要大量重复，则要围绕同一主题不断地改变广告的表现形式。

（五）户外媒体

凡是能在露天或公共场合通过广告表现形式同时向许多消费者进行诉求，能达到推销商品目的的物质都可称为户外广告媒体。户外广告可分为平面和立体两大类别：平面的有路牌广告、招贴广告、壁墙广告、海报、条幅等；立体广告分为霓虹灯、广告柱、广告塔、灯箱广告等。在户外广告中，路牌广告和招贴广告是最为重要的两种形式。

人们每天用于户外活动的时间平均为 5h 左右，在户外度过的时间中与户外媒体可能接触的时间长度，超出了与户内媒体可能接触的时间长度。中国的广告支出中有 1/4 左右用于户外广告。随着城市版图的扩大，交通堵塞加重，人们花在交通上面的时间增加，这又加大了户外广告传播的机会。设计制作精美的户外广告带成为一个地区的象征。

1. 户外媒体的心理特点

（1）覆盖面小，到达率高。由于大多数户外媒体位置固定不动，广告覆盖面较小，宣传区域小，因此设置户外广告时应特别注意地点的选择。

通常户外媒体广告的到达率仅次于电视媒体，位居第二。户外广告内容单纯，能避免其他内容及竞争广告的干扰。

户外广告表现出很强的选择性，一方面可以根据地区的特点选择广告形式，如在商业街、广场、公园、交通工具上选择不同的广告表现形式，而且户外广告也可以根据某地区消费者的共同心理特点、风俗习惯来设置；另一方面，户外广告可为经常在此城区内活动的固定消费者提供反复的宣传，使其印象强烈。通过策略性的媒体安排和分布，户外广告能创造出理想的到达率。

（2）视觉冲击力强。采用在公共场所树立巨型广告牌的方式，在传递信息、扩大影响方面极其有效，能迅速准确地传播广告信息。一块设立在黄金地段的巨型广告牌有利于企业树立持久的品牌形象，效果直接和明显，引起了许多大型企业和广告公司的重视。全世界各地有很多知名的户外广告牌，或许因为它的持久和突出，已成为当地闻名遐迩的标志，街头和公路两侧林立的巨型广告牌令人印象深刻，久久难以忘怀。

（3）发布时间长。多种户外媒体能够持久地、全天候地发布广告信息。户外广告能够不分昼夜每天 24 小时、每周 7 天地存在，使得广告受众容易见到，随时方便地得到广告信息，可以为满足广告主的需求而长时间地展示广告信息。

（4）千人成本低。户外媒体价格虽各有不同，但它的千人成本（即每一千个受众所需的媒体费）与其他媒体相比却很低，户外媒体低成本的优势一直对广告主有巨大的吸引力，而且户外广告费用较低。

（5）城市区域覆盖率高。广告主在某个城市进行市场细分，结合目标人群特点，选择发布广告的适宜地点、全面利用户外媒体，可以在理想的范围接触到多个细分市场层面的人群，取得广告传播的成功，用较低的广告成本进行促销和树立品牌，促进产品的销售。

2. 影响户外媒体广告的因素

（1）表现形式的创新。广告受众经常看到的户外媒体广告，往往是某一产品的报纸平面广告的放大，没有为户外媒体专门进行广告设计，广告表现形式单一，多采用方形平面图片设计，只是放大了的报纸广告画面。户外广告具有一定的强迫诉求性质，匆匆赶路的消费者也可能因对广告的随意一瞥而留下一定的印象，并通过多次反复而对某些商品留下较深的印象。

（2）表现内容的创新

创意意味着出新，创新是广告设计的本质追求，很多广告人在进行户外广告创意时,看到的更多的是户外媒体的局限性,广告发布的空间受地点的限制,能容纳的广告信息量有限,广告传播的强制性差,很难引起受众的主动注意和关心,难以引起受众的兴趣等。

一个人有5秒钟,也可能有5分钟停留在某一户外环境中。广告表现形式雷同,格式千篇一律,内容枯燥单一,表面上看是强化品牌形象,追求视觉效果统一,实际上,这类广告完全忽视了户外广告的环境因素。人由于所处的环境不同,对广告的关注程度存在着巨大的差别。

户外广告的创意、设计和制作,应该明确广告的诉求,做到有的放矢,目标明确,广告内容繁简得当,广告信息清楚到位。根据不同产品的特点,可采用加大字体强化品牌核心特色,或图文并茂介绍产品。创意、设计和制作优秀的户外媒体广告,需要广告人深入分析广告受众的特点,准确理解产品特性,寻找产品与受众之间的结合点,用新颖的广告内容吸引广告受众接受广告内容,取得预期的广告效果。

(3)表现手法的创新。新技术为户外广告提供了新的方法和手段,大屏幕液晶电视的使用,使户外广告的视觉冲击力越来越强大。在大城市中,闪烁的霓虹灯和电子广告牌遍布街道,装点着城市的夜空,通过广告表现手法的创新,把户外广告的魅力发挥得淋漓尽致。

户外广告可以较好地利用消费者在散步游览途中、在公共场合经常产生的心理空白时期,设计一些精美的灯光广告,运动的画面给人留下非常深刻的印象,引起较高的注目率,使广告受众更易接受广告内容信息。

(4)媒体运用上的创新。户外广告种类繁多,常见的有灯箱、路牌、霓虹灯、招贴、交通工具和橱窗等,不同的户外媒体,有不同的表现风格和特点,应该创造性地加以利用,整合各种媒体的优势。为遮挡正在建设维修中的工地,会形成大面积的遮挡物,在大型遮挡围屏上制作喷绘广告既能美化环境,又能开展广告宣传,一举两得。

户外广告表现形式丰富多彩,特别是高空气球广告、灯箱广告的发展,使户外广告更具有自己的特色,而且这些户外广告还有美化市容的作用,这些广告与市容浑然一体的效果,往往使消费者非常自然地接受了广告。

(5)效果难以测评。由于户外广告的对象是在户外活动的人,这些人处在不断的流动之中,因此其接受率难以准确计量。广告受众总是在流动中接触户外广告,因此注视时间非常短,甚至不到一秒,有时同一广告受众在同一时间可能接触到许多户外广告,很难评价广告的效果。

二、新媒体的心理效应

（一）互联网

互联网是20世纪90年代兴起的新生媒体业，已成为继报纸、杂志、广播、电视之后的第五媒体。向用户提供的可用作广告传播的功能和服务主要有电子邮件（E-mail）、远程登录、网络新闻（Usenet）、网络信息服务等。

1. 互联网媒体的心理特点优势

互联网是一种新型的广告媒体。近年来，我国互联网上网人数激增，这表明人们利用互联网进行广告宣传已成为一种趋势。

（1）传播范围广。互联网的传播范围广泛，网上的信息可以24小时不间断地传播到世界各地。网民可以在世界上任何地方的互联网上随时随意浏览信息，这种效果是传统媒体无法达到的。互联网媒体的超时空性，为人们获得信息提供了巨大的便利。互联网媒体广告大量在互联网上出现，成为一种新的广告媒体。

（2）信息丰富。互联网以动态影像、文字、声音、图像、表格、动画、三维空间、虚拟现实等表现形式传播信息，可以根据广告创意需要进行任何的组合创作，最大限度地调动各种艺术表现手段，制作出形式多样、生动活泼、能够激发消费者购买欲望的广告。

广告主可以随时操作自己的网络广告，甚至可以强迫受众接触自己的广告。此外，互联网提供的信息容量是不受限制的，这是传统媒体无法想象的。

（3）交互性强。交互性是互联网媒体的最大优势。互联网不同于传统媒体的信息单向传播，而是动态实时信息互动传播。网民在浏览网页时可以随心所欲地选择自己需要的广告信息，也可以搜索品牌或产品信息，通过点击进一步了解，或者通过电子邮件、网络论坛等进行在线交流，甚至可以实现在线购买。广告主可以随时得到宝贵的用户反馈信息。

（4）受众特征明显。利用软件技术，互联网可以帮助广告主将广告信息发布给某一类指定的群体，直接命中最有可能购买的潜在用户。通过提供众多的免费服务，网站一般能建立完整的用户数据库，包括用户的地域分布、年龄、性别、收入、职业、婚姻状况、爱好等。

广告主可以根据这些资料分析市场与受众，根据广告目标受众的特点，有针对性地投放广告，并根据用户特点投放和跟踪分析，对广告效果做出客观准确的评价。

（5）受众数量可准确统计。在互联网上做广告，可通过权威公正的访客流量统计系统，精确统计出每个广告主的广告被多少个用户看过，以及这些用户查阅的时间分布和地域分布，从而有助于广告主正确评估广告效果，审定广告投放策略。利用传统媒体做广告由于统计上的困难，很难准确地知道有多少人接收到广告信息。

（6）网络广告成本低。在互联网上做广告具有实时灵活的特点，能按照广告主的需要及时变更广告内容。广告主经营决策的变化也能及时实施和推广。能随时变动广告投放，更改广告表现方式，根据广告主的要求制订广告计划。一般网络广告的费用约为大众媒体费用的3%，任何规模的企业都可进行网络广告宣传，目前网络广告成本低。

（7）非强迫性传送资讯。网络广告采用按需发布广告，具有报纸分类广告的性质，可自由查询广告内容，集中呈现用户要找的资讯，却不需要大面积浏览，节省时间。传统媒体都具有一定的强迫性，都是要千方百计吸引受众的视觉和听觉，将广告内容强行灌输到受众的脑中。网络广告能够避免无效的、被动的注意力集中。

（8）形式多种多样。网络广告可以采用多种形式，如文字、动画、声音、三维空间、全真图像、虚拟现实等，将广告产品全面真实地展示，使网络浏览者犹如身临其境。网络广告的形式随着计算机软件和多媒体技术的不断发展而发展，新的网络广告形式不断变化，全仿真系统使虚拟形象十分逼真。

2. 互联网媒体的心理特点劣势

（1）信息不可靠。由于在互联网上信息发布的随意性，很难保证网络信息的真实可靠性，增加了广告受众选择有用广告信息的成本。

（2）人员要求高。网络媒体要求广告人员具备英文、计算机、网络及广告等方面的素质，而大量的新名词也常常使广告受众眼花缭乱，在一定程度上限制了网络广告的发展。网络媒体的高技术门槛也要求上网的人具备一定的文化水平和基本的计算机操作能力，一些年龄较大的人往往对互联网望而却步。

（二）车载电视

移动媒体与传统媒体，甚至与互联网媒体比较而言，有着独特的特点和优势，如高度的个性化、互动性、高性价比，利于对消费者资料进行管理、信息制作和发布方式便捷等。

车载电视的出现，为拥挤、无聊的公汽空间增添了一道亮丽的“风景”。这种建立在传统电视媒体基础之上的新的可移动的媒体形态——车载电视受到了欢迎。它具备户外、电视、车载三重属性。

（三）手机媒体

手机媒体是依托于移动通信技术迅速发展的移动媒体，是一种全新的沟通和传播形态的载体，它是依托于通信网络传播形态的一种飞跃。手机广告对于消费者来说，较为容易接受，但是，垃圾广告则是手机用户深恶痛绝的。手机媒体的心理特性有以下几点。

1. 针对手机用户本身，目标受众明确

针对手机用户本人，量身定做的个性化信息受到欢迎。然而，手机用户也担心个人信息的泄露，不愿经常受到推销电话和短信的骚扰，这也是广告商必须考虑的。

2. 效果显著

在某些时候，消费者可能刻意回避广播、电视、报纸等传统媒介上的信息，而将广告信息发送到个人移动通信工具上，可以达到几乎 100% 的到达率和阅读率，这就增强了广告效果。当然，阅读了不等于广告有效果，以垃圾短信的形式做的广告是没有效果的，反而引起手机用户的反感。

3. 成本低廉

与传统媒体相比，移动媒体的性价比较高，价格低廉。如平均发送一条短信费用不过 0.1 元，千人成本不过几百元，而且手机发布有点对点传播、点对面传播、互动传播等多样化方式。

4. 即时性强

移动媒介不像电子媒介和平面媒介那样，无须排版和周期，它不受时间和空间的限制，一条广告信息，在几秒之内就可以发送给数量众多的目标消费者。手机用户可以阅读到最新的信息，能够带来一定的新鲜感。

第五节　广告传播的代理心理

一、传媒的广告市场开发

众所周知，广告业务是每个传媒的经济支柱，广告业务经营的好坏直接关系到传媒的生死存亡，往往一个具有竞争力的媒体不仅意味着它作为内容提供者的强大实力，另外在广告业务方面，其他媒体也难以望其项背。但是，一个媒体要想始终如一地保持其领先地位，就不能仅仅在内容制作、吸引传媒受众市场上做文章，同时要考虑开发传媒的广告市场、增加广告业务量。既维持既有客户又能争得新客户，从而为该媒体的持续发展提供源源不断的财力支持。

树立品牌形象是广告市场开发的有利武器。

提高广告服务水平是传媒广告经营的现实要求。

二、广告载具营销观念

（一）媒体载具

一般来说，在巨大的广告预算中有70%左右的钱是花在媒介投放上的，媒介选择是否得当、媒介组合是否合理将决定广告信息能否被准确地传递给目标受众。因此，如何选择有效的信息传播途径，就成为影响广告效果的首要问题。然而，在受众市场越来越细化的“小众传播”时代，不仅互动性媒体将占据主流，而且媒体的多样性与复杂性也空前突出，这使得依赖一两种强势媒体进行粗放式的广告投放战略风光不再，媒体也出现细分化、精细化趋向，因此一个新的名词“媒体载具”开始引起人们的注意。

美国学者杰克·Z.西瑟斯等人认为“媒体”与“媒体载具”的意思似乎一样，其实不然，媒体（Media）是指具有一系列相似特征的传播工具，而媒体载具（Media Vehicle）是指媒体中的某一种传播工具。前者指电视、报纸、杂志等，后者指特定的电视节目（如《实话实说》《快乐大本营》）、报纸专题或版面、网站栏目乃至直邮、POP、车体、户外、海报、优惠券、登机牌等媒体。分清“载具”的含义，有助于广告代理商制定更加准确有效的媒体组合，使广告效果达到最大化。对于传媒的广告经营者来说，则可借助这一概念进行广告媒体的进一步开发。

（二）广告载具营销观念

随着中国传媒市场化的逐步深入，媒介进入产业化的形态已是不争的事实。如何把媒介分解成一个个广告载具进行销售，特别是不同类型的广告载具营销逐渐成为媒体经营的重中之重。目前，传媒市场上主导的营销观念有以下几种。

1. 强势载具拍卖营销

所谓“强势载具”是相对于“弱势载具”而言的一个概念。强势载具在发行量、收视率、权威性、公信力、影响力、传媒规模、资本实力等方面是弱势载具所望尘莫及的，因此强势载具意味着最大范围的市场和读者。这种“强势”的优越性表现在广告经营上便是拍卖营销的形式，其中最具代表性的应数中央电视台每年一度的黄金时段广告招标。

2. 弱势载具捆绑营销

以同一媒体内部为例。由于时间段位和版面方位的不同，必然会分化出一些受众关注度较低的载具，如电视的“垃圾时段”、报纸的中缝、杂志的内页、网页的底端等。而媒体内部的一些关注度高的载具就显得非常抢手，如电视的“黄金时段”、报纸的“报眼”、杂志的“封底”、网页的“大横幅”。因此，出于“削峰填谷”的战略考虑，以及优惠服务客户的考虑，就可以将强势、弱势载具进行搭配捆绑，即在出售强势载具时，将弱势载具进行优惠，与之搭配销售，从而在载具捆绑中使广告主的广告信息得到更多的暴露机会，产生整合传播效果，同时又获得了实惠。

3. 广告载具直接营销

广告载具直接营销指的是媒介经营者不通过广告公司代理，而是自己将具体的“版面”“时段”“路牌”等载具直接销售给广告主或直接接受客户委托发布广告的营销行为。媒体的这种营销方式在实际运作中占据较大比例，严重影响了广告代理制的切实推行。

当然，很多媒体在广告经营模式方面手段灵活，并不完全排斥媒介代理。如《广州日报》的广告经营以版面灵活、价格稳定透明而著称。广告公司和广告主均可直接向其购买广告版面，但收费标准是完全统一、一视同仁的。

三、广告载具代理营销

代理式经营是媒体传统的经营模式，而“广告载具代理营销”则是指媒介经营者先将具体的广告载具以较低的价格“批发”给广告代理公司，由广告代理公司为这些载具寻找广告主，广告代理公司的利润来源就是其间的差价。从广告代理公司的角度讲，这就是广告代理制。

众所周知，健全的广告代理制可以推动整个行业的健康发展，通过促进广告代理公司不断提高服务水平，为企业提供更优质的服务，促进传媒市场的良性竞争，对广告代理公司、企业和媒体都有好处。然而在现实中，传媒广告部门与广告代理公司还存在着一些诸如利益和需求上的冲突，影响了双方的合作。

广告代理公司收入的一大来源是广告代理费，它们通过提供广告创意制作、媒介选择、调查研究和项目管理服务来使佣金的利润最大化。它们强调自身地位，要求媒体给予最优的代理政策，这在一些大型的4A广告代理公司身上表现得更为明显。这就容易诱发媒体广告部与广告代理公司在利益分配方面产生矛盾，甚至导致协作破裂。此外，媒体为了在广告经营上获得更大的主动权，往往将媒体载具的代理权分散给多家代理公司，使单一广告代理公司不能对媒体最终的广告销售产生决定性的影响。

特别值得一提的是，强势媒体与广告代理公司合作组建利益共同体已经是目前国际上流行的广告代理制度之一。据报道，目前国际上比较常见的广告代理制度主要有两种：商品细分广告代理制和媒介细分代理制。前者以美国为代表，后者以日本为代表。在日本，数家广告代理商为相同客户提供服务通常是以媒介细分来分担的，这样就出现了以媒体为中心，好几家广告代理公司为同一家广告主提供服务的现象。因此，在媒介细分代理制度下，广告代理公司与媒体更是休戚与共，媒体广告部与广告代理公司更应求同存异、加强合作、共同发展。

第六章 广告环境与心理效果评定

广告总是处在一定的环境中。如果以广告活动为本体或主体，那么广告环境就是广告活动生存与发展的平台。广告信息的传播以人为起点并以人为终点，因此，在广告环境对广告的影响以及两者相互促动的过程中，心理影响是其重要的组成部分。而广告是否有效，必须通过对广告效果的评定才能了解到。评定可以让广告主和广告人发觉其广告构想中的问题，预测广告可能达到的效果，正确评价广告活动的结果，了解广告作品中的特别之处，发现广告作品中存在的问题，以使其更加完善。本章便对广告环境与心理效果评定进行分析。

第一节 广告环境的心理研究

一、广告环境的变化

（一）广告环境的解读

在整个社会系统中，广告只是其中较小的一个组成部分。无论是宏观上的广告行业，还是微观上的具体广告活动，都受到广告所生存的社会环境和其本身行业特点的制约。因此，广告环境这个表述也就具有两个层面的意思。

对于广告环境的内涵，不同的学者从各自的角度赋予了其不同的定义。我们引用并赞同广告学者丁俊杰的看法，他认为广告环境有广义和狭义两种理解。广义的广告环境是指整个广告存在和发展所处的世界，在这个世界中包含着对广告发展有巨大影响力的诸种因素；狭义的广告环境是指执行具体广告活动的时间、地点和存在于当时、当地对广告活动策略和计划具有影响力的诸种因素。[①] 本书所探讨的是广义的广告环境。

---

① 丁俊杰，康瑾．现代广告通论[M].2版．北京：中国传媒大学出版社，2007.

（二）广告环境与心理影响

1. 广告环境与广告之间的关系

若以广告为中心向外看它与广告环境的关系，则发现最外层的是“广告的外环境”，组成它的是整个社会中与广告发展有各种关联的经济条件、社会 / 文化条件、政治 / 法律条件；第二层是“广告的内环境”，组成它的是广告业内部的科学技术、竞争、批评、人才、自律、交流与合作等条件。① 中心层是处在内外环境双重包围中的广告活动本身，它包括了广告传者、广告受众、广告作品、广告媒介和广告效果。

广告与广告环境相互影响。无论是广告的外环境还是广告的内环境，都对广告整体活动起着或促进或制约的调整作用。虽然广告的外环境和内环境共同对广告活动产生着作用和影响，但外环境发生着更大的作用。原因在于广告的外环境不但从根本上决定着广告的生存和发展，而且对广告的内环境发生作用。相对而言，广告内环境的作用就更加具体了。

2. 广告的内外环境与心理影响

（1）广告外环境的心理影响。广告的外环境主要包括广告的经济环境、广告的社会文化环境、广告的控制环境。②

广告的经济环境是在广告外环境中对广告起着决定性作用的因素。之所以这样说，是因为经济的发展进程决定着广告的发展程度，经济的景气与否决定着广告的兴衰，企业经营观念和市场竞争态势的变化推动着广告策略的演进，经济发展影响着受众的心理活动等。体现在影响受众心理的方方面面，如受众的消费需求、认知方式、态度观念、消费行为等。

广告的社会文化环境是影响广告的又一个外环境因素。“文化指在群体经历中产生的代代相传的共同的思想与信仰方式，它是一个社会的思维方式以及适用于其成员的知识、信仰、习俗和技能。”③ 广告的社会文化环境包含了人们的社会生活状况和文化背景等因素。影响广告的“社会生活”因素主要有家庭、大众行为，流行、消费行为，非消费的社会行为等；影响广告的“文化”因素主要有生活习俗、民族心理、道德伦理、宗教信仰、价值观念（尤其是消费观）等。广告与社会文化环境是一种互动的特殊关系，广告既受社会文化环境的影响制约，同时广告本身又是社会文化的一个组成部分。从这个意义上说，广告是特定时代的社会文化的反

① 丁俊杰，康瑾．现代广告通论 [M].2 版．北京：中国传媒大学出版社，2007.
② 丁俊杰，康瑾．现代广告通论 [M].2 版．北京：中国传媒大学出版社，2007.
③ 丁俊杰，康瑾．现代广告通论 [M].2 版．北京：中国传媒大学出版社，2007.

映物。社会文化环境的变化促进广告所反映的文化和生活方式、内容的变化；同时，不同的民族、地域和时代有着不同的社会文化，广告只有适应这种社会文化环境才能产生好的效果。综合而言，社会文化环境对广告所起的作用是促进、调适和制约，它是广告环境心理影响的重要部分。

广告的控制环境直接应广告发展的需要而产生，它直接针对广告行业的经营活动发生作用。这种环境对广告的控制主要是通过法律、自律及监督三种方式来实现。其中，广告法律一般由政府指定专门的机构监督执行，并通过政府或执法机关对违法行为加以评判和处罚。广告行业自律是广告行业内部所属机构和人员对有关广告行为进行控制的一种途径。监督则指的是广告受众的监督，一般由保护消费者权益的各种机构来完成。广告的控制环境直接影响着人们对广告的认识和信任度，尤其是各级控制机构的管理者和广告活动参与者。广告的控制环境对广告业的健康发展起着重要作用。

（2）广告内环境的心理影响。广告的内环境即广告的行业内环境，是“指存在于广告行业内部的、对整个行业和行业内的诸种机构个体的发展起到促进、制约和调适作用的各种因素。”[①] 主要包括广告行业内的科学技术环境、广告行业内的竞争环境、广告行业内的人才环境、广告行业内的批评环境等。

科学技术环境指支撑广告行业生存与发展的科学技术条件。它的影响多方面地渗透到广告活动中，如对广告作品表现技术上的影响等，它还尤其影响广告媒介的发展。竞争环境是由竞争者、竞争条件、竞争理念和竞争行为所组成。竞争环境的心理影响尤其体现在广告传者的竞争理念和广告效果的优劣中。人才环境是由人才条件、人才培养、人才选择和人才交流等方面组成。人才条件描述广告从业人员的基本情况，人才培养包括人才培养的观念、人才培养的机制，人才选择是人才评估、选择的标准和手段，人才交流体现的是人才流动。在这个人才至上的时代，人才选拔与培养显得尤为重要。人才环境的心理影响尤其体现在对广告人心理素质的研究上，广告人所必备的心理素质是选拔与培养广告人才的重要方面。批评环境是对广告作品的批评。一个完善的广告批评环境由三个因素组成：批评标准、批评人员和批评阵地。其中，批评标准是对广告作品进行分析与评价的依据和角度；批评阵地是广告批评发布的媒介。当今中国批评环境所起的作用还有待提高。批评环境的心理影响体现在对广告作品心理效应的评价，以及对广告作品发展趋向的分析上。

---

① 丁俊杰，康瑾．现代广告通论[M].2版．北京：中国传媒大学出版社，2007.

（三）广告环境变化对广告活动的影响

1. 广告环境变化对广告传者的影响

广告环境的变化影响了广告传者(这里的广告传者包括广告主与广告人)传播理念的变化。美国心理学者舒尔茨在其著作《整合营销传播》中形象地指出了传者传播思路的转变,即从以生产者为中心时代的“请消费者注意”转为以消费者为中心时期的“请注意消费者”。换言之,把广告受众的所想所感放到一个中心的位置上才是现代广告传者最明智之举。

广告传者开始重视并研究受众心理。了解广告受众心理必须进行心理研究和市场调研,关键是认清以下问题:一是研究受众的心理活动规律,了解受众容易接收和接受什么样的广告;二是研究受众的需要与动机,分析受众为什么会接受某个广告;三是研究受众的态度与行为,了解怎样促使受众的接收行为转化为购买行为。在现实生活中,这些问题受到广告环境诸多因素的影响。

广告传者与广告受众之间越来越接近一种双向互动的关系,二者这种关系的形成是与广告的内外环境的共同作用分不开的。这种关系使得广告传者不再妄自尊大,受众不再盲目被动,不但利于市场的稳定,也利于广告行业的发展。

2. 广告环境变化对广告受众的影响

广告环境的变化,使得受众在广告活动中的地位发生变化,也影响着受众心理的变化。

(1)广告受众地位的变化。在消费者中心的时代,广告受众不再是被动的接受者,而逐渐成为主动的选择者。他们还会将对广告的喜好意见通过不同的媒介渠道反馈给广告传者,在某些时候,他们自己甚至成为广告的传播者。比如播客的出现。播客的自主性特点使受众成为内容的主动参与者和创造者。在播客中制作自我宣传的广告,使得媒体传者和受者的界限日渐消弭。

(2)广告受众审美意识的变化。另外一个比较显著并需要引起广告业重视的变化就是,随着媒介资源的丰富,技术手段的提高,广告受众对广告的接收越来越表现出对审美层面的高要求,即广告受众不仅从广告判断商品是否具有购买性,还从欣赏的角度来品评广告作品。

a. 受众广告审美的心理过程。受众广告审美心理过程大致分为开始、展开、弥散三个阶段。[①] 开始阶段主要是审美期待，广告审美期待是消费者随着时间、经验、需求的增加，对广告产生的一种精神预备状态，它会随着需求的不断满足而变化，产生新的审美期待。展开阶段是广告审美心理过程中的核心部分。受众认知广告作品时，在审美感知的基础上，借助以往的审美经验，创造性地融入自己的感受，因此，这种审美认识与体验带有很大的主观性。同时，还会产生审美想象和联想。格式塔心理学认为审美知觉是一种动力学的知觉，例如，在方形画框中的点、线和对象都会有向心或离心的“方向性张力”，在相互作用的区域（场）内有向四周扩散和运动的效应。广告画面中的“方向性张力”可以使受众依据对广告的感知和自己的审美经验而“扩散”，产生审美想象和联想，使受众的审美认识进一步延伸，留下无穷的回味。重要的是，在展开阶段受众会产生复杂丰富的审美情绪和情感，或愉快美好或厌烦不满，或缠绵委婉或激荡跳跃等。延续阶段亦称为弥散阶段，这一阶段是审美经验的丰富，审美趣味与鉴赏力的提高。通过对广告中人物、音乐、产品、情景的综合体验，审美心理得到满足，并在以后的审美过程中发挥影响。

值得注意的是，在广告受众的审美心理过程中，审美经验为受众选择审美对象提供可寻依据，为受众审美过程的展开提供了可供参考的经验模式。

使广告受众审美心理过程得以展开的最直接的内在动力是受众的审美需求，它可以激活受众的审美经验，使受众进入对审美对象的无限探求之中。

b. 受众广告审美的特征。受众广告审美的一个明显特征是具有时代性。广告作品之所以成为不同时代社会文化环境的一种体现物，其原因之一是广告受众的审美倾向具有鲜明的时代特性。从报纸广告、电台广告，到第一条商业电视广告的出现，再到网络广告的蓬勃发展，广告从视觉、听觉独立分割，到集声音、画面、多媒体、互动于一体，经历了划时代的改变，广告受众的审美情趣日益丰富，审美能力和习惯都在发展变化。针对其接受心理出现的变化，广告创作的符号和象征必须具有现代感，与时代合拍。

受众的广告审美受到地区的限制，具有一定的地域性特点。地域性包括三个方面，一是由于不同的地域存在着不同的气候、水土等自然条件，这种长期生活在其中的人产生某些特定的风俗文化与生活习性，这些会影响群体产生特定的审美情趣；二是地区经济发展状况的影响；三

① 严晓青，李晓博．从广告审美角度分析消费者接受心理 [J]. 浙江工业大学学报，2005（2）．

是任何地域都存在着不同的社会群体和阶层。对同一个广告作品，由于审美经验与审美能力的差异，不同阶层的人可能会做出各种各样的评价。

受众广告审美还包含个体性、直觉性、创造性和变化性等特点。个体性包括两个方面的含义：一是在具体的广告审美过程中，个体是按照自己的意愿，自我的图式去进行审美，是完全的个人行为与个体意识的表现；二是市场经济给予个体审美观发展更大的自由空间。个体性往往在一定程度上受到直觉性的影响。直觉性不完全是审美主体与生俱来的，它还是随着审美阅历的丰富不断充实的一种特性，是一种有意识与无意识混为一体、对客观事物做出的未经验证的判断。变化性包括两个方面，一是受众的审美欣赏趣味会不断变化，对于广告作品的评判原则和标准也会不断变化；二是受众接受一个广告作品的过程与心态是不断变化的过程，且变化不会终结。

总之，受众在审美过程中不是被动地接受，而是能动地认识。他们以自己不断提高的审美期望与审美反应能动积极地影响广告创作。

3. 广告环境变化对广告作品的影响

广告作品作为一种综合的实用艺术的体现，直接表现的是人与商品的实用关系，同时是人与商品的审美关系。广告作品是美的创造性的反映形态，作为审美对象，它一方面反映或渗透着一定时代的审美观念、审美趣味、审美追求，同时凝聚着广告人构思的心血和独创性的精神劳动。从这种意义上说，它是广告人审美心理结构的物质化表现。另一方面，广告作品又是具有一定审美能力、审美意识的人们的欣赏对象，是物质美、精神美的能动反映，是一种社会意识形态。

在所有的广告环境中，社会文化环境的变化对广告作品的影响很大。传统文化与现代文化、东方文化与西方文化的交融，为人们的价值取向提供了更丰富的选择可能，尤其表现在人们的消费观念上。但我们民族几千年的优秀文化传统不会变，其核心价值理念不会变。广告作品正是这种环境变化的体现与反映，它既要符合我们民族优秀文化传统的核心价值理念，同时能引导与影响人们消费观念的变化。现代广告作品不仅要展现商品形象本身的使用价值，还要更多地表达出商品的附加心理价值。优秀的广告作品展现给受众的形象一定是具有审美价值和美好情趣的生动形象，它既能符合优秀文化传统的核心价值理念，又能满足价值取向的多元选择。

值得注意的是环境，每一个人都生活在一定的文化氛围之中，而且都在传承着一定的文化。文化包括了所有历史性的、具有传统继承意义的有形或无形的东西。社会文化环境对广告的整体风格和主要表现内容起着极其重要的作用,广告作品若输出了有悖于当地主流文化价值或习俗的信息,通常不易被当地受众所接受。例如,让中国观众难以接受的美国耐克广告“恐惧斗室”和日本丰田路霸汽车的两则广告。耐克篮球鞋的电视广告片“恐惧斗室”,NBA篮球明星勒布朗·詹姆斯作为广告主角。“恐惧斗室”讲述的是一位篮球运动员进入一个五层高的建筑,逐层挑战对手,直至取得最后的胜利。该广告播出后引起众多中国观众的强烈不满与抗议,认为该广告中所用的形象,如中国的长袍长者、中国龙、中国壁画中的飞天女等形象都在广告中被丑化了,歪曲了中国观众心目中对这些形象固有的美好象征意义和情感。事后耐克公司虽多番解释广告本身运用的元素只是比喻等,都无法消除观众的抵制心理,国家广电总局对这则广告实行禁播。从中可以看出,广告要想获得好的传播效果,务必要重视文化的差异性,尊重受众的文化传统和风俗习惯是至关重要的。

在日益发展的经济浪潮中,跨地区、跨国家的全球化进程不断改变着整个世界的各个领域、各个层面。如何使现代的经济意识与地域性、民族性的优秀文化传统相结合已成为广告传者需要认真面对的重要课题。不难发现,一些优秀广告作品之所以成功,往往是恰到好处地表现了优秀的文化传统,既能体现出现代广告设计的时尚观念,又能折射出各民族、各地区的不同历史文化特征和审美取向。不同民族、不同地区的文化经过一定时期的发展,逐渐形成了各具特色、精彩纷呈的传统艺术样式。这些传统样式不仅形式丰富,而且蕴藏着深厚的文化内涵。广告作品中常常通过运用与改变这些传统样式,来达到传统文化与现代广告设计的契合。

4. 广告环境变化对广告媒介的影响

随着科技的发展,传播技术也不断发展。由于经济的发展,使得这些传播技术得到普及,因此,主要的广告媒介也随之而变。

随着广告环境的变化不仅主要广告媒介有所变化,某一种具体的广告媒介自身也会发生变化。广告环境的变化导致广告媒介的发展,此处主要针对互联网的发展对网络广告产生的影响进行论述。

互联网突破了传统媒体单向传播的局限,受众不再是被动的接受者,他们也可以发布信息,可以主动寻找信息,对信息做出回应等。很多广告主运用网络广告并不满足于仅仅提升品牌的知名度,传播品牌形象,还希望能吸引受众进行更深接触,因而将广告与企业主页相链接。以此为目的的广告,就是充分利用了受众渴望参与的心理。另外,把生动的网络广告放在能吸引某些特定细分市场的站点上,对提高企业或品牌知名度非常有效。尽管网络广阔,但还是可以细分成很多部分,这些细分的受众有特殊的兴趣与需要，给定向传播提供了更精确的传播途径。比如，一则关于跑鞋的广告放在提供与跑步相关的网站上，化妆品的广告放在女性网站上，会有较精确的到达率。这也是为了符合网络受众追求方便高效的心理。

广告环境的变化使得广告媒介增多，也带动了广告作品和形式种类的更新，使广告业得到更广阔的发展平台。

5. 广告环境变化对广告效果的影响

广告效果是测查广告活动所引起的各种结果如何。广告环境的变化对广告效果有影响。这种影响体现在广告传者对广告效果的认识随广告环境的变化不断改变，广告主已经不仅仅只是重视其经济效果，而是依据自己的广告目的考察其多方面、各层次的效果；同时，在现代市场环境下，广告传者更认识到广告已成为整个营销的有机组成部分，广告效果也成为反映营销效果的一个侧面。这使得具体的广告活动更具有明确的目的和恰当的定位，广告效果也更真实地反映了广告在营销中的作用，既不被过分夸大也不会被抹杀。另外，由于广告环境是广告生存与发展的平台，广告的内外环境好，则广告事业发展顺利，体现在广告效果的各种层面上。如果广告环境差，例如，广告的控制环境不好，虚假广告充斥市场，则表现为广告效果大打折扣，甚至造成受众的逆反心理，引发受众对广告强烈的不满与反感情绪，导致广告事业发展受阻。

二、广告环境变化对受众观念的影响

（一）广告环境变化对受众价值观的影响

1. 价值观的概念

价值观是“主体对客观事物按其对自身及社会的意义或重要性进行评价和选择的标准。对个人的思想和行为具有一定的导向或调节作用，使之指向一定的目标或带有一定的倾向性。”① 它是“推动并指引一个人采取决定和行动的经济的、逻辑的、科学的、艺术的、道德的、美学的、宗教的原则、信念和标准，是一个人思想意识的核心。当它被社会大多数人所承认和利用时，就变成了社会规范。”② 由此可知，价值观直接影响人对事

① 中国大百科全书《心理学》编辑委员会．中国大百科全书·心理学[M]．北京：中国大百科全书出版社，1994.

② 朱智贤．心理学大辞典[M]．北京：北京师范大学出版社，1989.

物进行价值判断，进而影响人的态度和行为。针对不同的具体领域，人们的价值观念有特定的评价与选择标准，主体关于消费活动对其自身或社会的重要意义做出评估和选择的标准构成消费观。

2. 广告环境变化对受众价值观影响的体现

随着社会发展，各种新事物不断涌现，广告环境也不可能一成不变。经过几次变革，我国现代广告环境呈现出几个突出的特点：买方市场的形成；社会经济生活的富裕化；企业经营导向策略的形象化；市场竞争的激烈化；产生技术的趋同化；大众媒体的普及化；市场监管的法制化。① 广告环境的变化是影响受众价值观的重要因素，主要体现在以下几点。

（1）核心价值体系的稳定。价值观具有系统性和稳定性，其核心层的价值体系是最稳定的，难以改变。这个核心价值体系是与其所属的民族文化的核心相连接。人类在某种社会形态中生活，久而久之必然会形成世代相传的某种特定的文化。中国社会的发展历程使得中国人的价值观念几经变化，但是核心价值是始终存在于人们心中的，这些核心价值就是几千年中华民族优秀的传统文化。其中一些核心概念长期稳定不变，比如天人合一、自强不息、厚德载物、国家昌盛、民生为本、忠孝仁义、过犹不及、和谐发展等。不同的国家、不同的民族，由于其文化背景不同，核心价值体系也不尽相同。广告传递的观念必须符合这个民族的核心价值体系，才容易被其接受。

（2）价值取向多元选择。由于社会生活的多样性，形成了人与人之间，社会阶层之间，地区、民族之间价值取向的差异性。我国改革开放以来，经济快速增长，中西方在文化领域交流频繁，加之信息流通的迅捷与剧增，都为价值取向的多元化选择提供了可能。

中西文化不断地相互渗透，相互影响。它们之间的差异为价值取向的选择带来了冲击与新异，尤其体现在消费观念上。现代广告应利用与满足这种价值取向的多元选择。

（3）影响消费方式转变。由于价值观对行为的导向性，广告环境变化对我国受众价值观的影响还体现在对消费方式转变的影响上。

由于城乡居民收入水平的稳步提高，消费升级换代加快，消费档次不断提升，大部分地区的城乡居民消费已开始由温饱型消费向小康型消费转变，以居住、交通和通信为代表的住行类消费，已逐渐成为城乡居民消费升级后的消费热点。特别是高收入消费者追求名牌汽车、高档住房、珠

① 何修猛．现代广告学[M]. 上海：上海复旦大学出版社，1998.

宝、名酒和旅游等奢侈品。人们已从生存型消费转向发展型和享受型消费。人们的消费标准也在发生变化，在看重经济实惠的同时，又注重产品品质与品牌。

我国重视可持续发展的理念也渗透到受众的消费观念中。可持续发展，既包括可持续生产，又包括可持续消费。它以公正为基本准则，以保护环境和生态平衡为己任。对消费者来说，可持续消费观念同样重要。工业社会“奢侈型”的消费方式与农业社会“生存型”的消费方式相比，明显差别就在于前者不是建立在满足基本需要基础上的消费，而是具有明显的奢侈性、浪费性。转型期的中国，在解决温饱问题的同时，同样出现了由“生存型”向“奢侈型”变化的趋势。这给我们敲响了警钟。在广告中，要尽量避免刺激人们的奢侈倾向，在鼓励人们去消费的同时，也要适度宣传引导人们不要从不愿花钱变成胡乱花钱，不要陷入“过度消费”的陷阱。“过度消费”是一种不可持续的消费方式。广告业作为传播与消费领域的重要行业，应肩负起正确引导的社会责任。

（二）广告环境变化对我国消费观念的影响

1.广告环境变化使得消费形式更加多样

随着人民物质文化生活水平的提高，城乡居民的生活观念与方式也不断发生变化，更加趋向文明、现代化。人们生活的具体目标已不是过去的统一化，而是多元化、个性化。节假日的增多，第三产业的发展，交通条件的改善，为人们求知、娱乐、休息、社交、消费、自我发展提供了更优越的条件。社会服务业的发展，使人们的许多家务劳动转向社会化，如雇请保姆、钟点工等家政服务在大中城市日益增多。城镇居民家庭生活改善后，对精神生活有了更高的要求。在精神文化消费中，增长最快的是教育、文娱和旅游。子女教育投入成为部分家庭的重要支出。人们为了适应社会竞争，积极参加各种形式的业余学习。各类歌舞厅、健身房、游泳馆、网吧等健身娱乐场所丰富了人们的业余生活。美容护理、锻炼保健、休闲娱乐进入普通人们生活。近年来，以开阔眼界、陶冶情操为主要目的的旅游消费持续升温。

总之，环境的变化促使各类消费活动的增加，也为广告受众形成消费新观念奠定了基础。广告在这个过程中起了十分重要的引导、推广和普及作用。

2.广告环境变化推动消费观念的新变化

（1）保险消费观念的变化。天有不测风云，人有旦夕祸福。虽然这种居安思危的风险意识是我们传统文化中代代相传的，但如何进行风险管理，通过各类保险消费活动降低风险是现代消费的新观念。"保险"从起源开始，就是为了分摊风险，是风险管理的重要方式。

在没有保险消费的过去，为了防患于未然，我们通常比较重视勤俭和储蓄。自从保险业诞生起，促使人们渐渐形成保险消费的新观念。消费者保险观念的形成有几个重要源泉：其一，作为保险的投保人、被保险人、受益人或其他关系人在保险交易过程中，亲力亲为形成保险意识。其二，民间流传，他人的保险经历作为群体的信息资源促成个体保险意识的形成。其三，媒体宣传，包括各种媒体关于保险的介绍和报道，以及教科书中关于保险知识普及宣传。其四，保险公司的各种商业推广活动，广告就是其中的重要组成部分。其五，政府机构的法规政策制度，如劳动保险等。因此，现实环境促使人们产生了保险意识，广告帮助引导和普及了保险观念。

人的保险意识虽然受到文化、经济等诸多因素的影响，但其中至关重要的就是对风险的认识与评估。在计划经济时代，企业的生产经营由国家计划安排，城镇职工的生老病死、天灾人祸由国家统筹，农村的农民作为人民公社社员，可倚赖人民公社，而人民公社则有政府这个坚强后盾。几十年计划经济制度养成了人们对政府的依赖，其结果是人们的风险意识越来越弱，主动防范风险的意识越来越淡。

之后，由于市场经济体制改革，社会保障体制正在发生深刻的变化，个人面对与承担的风险正在不断增加。以公费医疗制度改革为例，城市居民普遍对改革后可能加重家庭经济负担、医疗费没有保障等问题表现出极大的关注。另外，教育、失业保障等方面的改革，使市民的保险意识被充分地激发出来。

加入世贸组织后，中国经济开始全面融入世界经济，各项社会保障制度的改革更加深入。但是相对于西方，人们对风险的认识还不够充分，保险意识只是初见端倪。进一步增强受众的保险意识，广告起着潜移默化的重要作用。例如，很多人都还记得中国平安保险公司多年前的一句广告语：天有不测风云，我有平安保险。这句广告语是在广告中较早把"保险"这一观念引入普通百姓视野的，广告突出了中华文化中居安思危的思想意识，引发了受众对"保险"重要性的关注。随着社会保险业的不断发展，人身保险、汽车保险、住房保险等成为经常出现在人们口中的名词。保险观念正在逐步地深入人心，并且更加趋向于理智。

（2）借贷消费观念的变化。19世纪末，英国经济学家马歇尔对消费趋势进行了研究。他认为，随着市场经济的发展，进入市场的商品种类会变得更加丰富多彩；社会消费水平会随着技术进步而提高；货币和信用的发展将创造新的消费方式，人们会越来越重视信用所提供的消费便利。

在市场经济的条件下，为扩大消费市场，我国政府推出了一系列关于借贷消费的政策和办法，受到广大城乡居民，特别是大都市年轻人的推崇。不难看出，借贷消费观念是对传统理财观念的一种挑战。传统理财观念认为有多少钱办多少事是理所应当的，而借钱消费总有些不踏实。在现代银行金融体系和法规机制完备的环境下，各个银行和金融机构都对自己所有的信用卡进行大笔的广告投资。可以说这些举措都更加推动了受众借贷消费观念的形成和成熟。在可预见的未来，借贷消费无疑会成为一种越来越为人们所接受的消费模式。

（3）健康消费观念的变化。健康意识指人类对身心健康自觉关注、重视与维护的意识。两个重要的因素促使人们关注健康，一是环境变化导致心理压力增大；二是环境污染导致对身体健康的威胁。现代社会人们面临着各种各样的压力，工作繁忙、挣钱劳累、学习紧张、心情郁闷等，加之生活环境中各类污染增多，使人们身心健康受损。以知识分子为例，现实中出现的知识分子、精英人群英年早逝的例子可谓不少。这部分人群共同的特点是，受过高等教育，有强烈的事业心，工作节奏快、压力大、任务重。从我国的一个专项调查获知，我国知识分子的平均寿命为58岁，低于全国平均寿命的10岁左右，北京中关村知识分子平均死亡年龄为53.34岁，上海在一些脑力劳动密集型行业调查，平均死亡年龄为45.7岁，这一严重事实表明，脑力劳动者尤其是中年脑力劳动者的身心健康已受到严重威胁。因而，健康意识越来越受到人们的重视。例如，在饮食消费上的观念是从吃饱到吃好，再到吃出健康的新观念。近年来由于人们对健康的格外重视，许多广告产品的定位都突出了健康观念，获得较好效果。

例如，宝洁（普罗克特与甘布尔公司Procter&Gamble Company，P & G）自称“没有打不响的品牌”。自1988年进入中国市场以来，宝洁每年至少推出一个新品牌，尽管推出的产品价格为当地同类产品的3～5倍，但并不阻碍其成为畅销品。可以说，只要有宝洁品牌销售的地方，该产品就是市场的领导者。而宝洁进攻市场最常用的武器就是广告了。作为全球知名的日用品品牌，宝洁的广告十分注重对健康概念的宣传。它的电视广告惯用的公式是“专家法”和“比较法”，比如其产品舒肤佳广告。舒肤佳先宣扬一种新的皮肤清洁观念，表示香皂既要去污，也要杀菌。它的电视广告，通过显微镜下的对比，表明使用舒肤佳比使用普通香皂，皮肤上残留的细菌少得多，强调了它强有力的杀菌能力。它的说辞“唯一通过中华医学会认可"，再一次增强其权威性。综观舒肤佳广告，它的表现手法平平，冲击力却很强。舒肤佳的系列广告，改变了相当一部分人对保持皮肤清洁的认识。

（4）绿色消费观念的变化。"绿色消费"的提出最早是从绿色食品开始的，现在其范围扩展到环保、生态及节能产品。通常指无污染、无公害、低耗能的节约型消费。绿色消费和健康消费在观念的内涵上有较大的相关，但绿色消费更强调环保意识。进入 21 世纪，随着环保意识的提高，崇尚自然、追求健康将越来越成为人们的时尚。与此相适应的是，绿色食品将备受青睐，并成为消费的主导潮流，绿色环保产业也将是全球性的朝阳产业。

近年来，随着人们生活水平、生活质量的提高，人们的保健和环保意识不断高涨，"绿色消费"正逐渐成为时尚消费、潮流消费的亮点和热点，绿色产品日益受到消费者的青睐。随着现代科学技术的发展，新型绿色产品不断问世。可以说，如今我们的衣、食、住、行、用，都在朝着"绿色"迈进。可以预想，绿色消费的观念会在以后的广告作品中不断增多。

（5）诚信消费观念的变化。在消费领域中，诚信是买卖双方交易可持续的基础。人无信不立，家无信不睦，业无信不兴，国无信不宁。诚信是现代社会中每一个成员都必须遵循的基本规则和社会义务。诚信建设也成为目前我国全面建成小康社会不可忽视的一个方面。在这样的环境下，人们越来越重视广告诚信度，广告的诚信状况是影响消费的重要因素。

人们对那些夸大其词，有"忽悠"消费者倾向的广告提高了警惕性。现在在诚信方面存在较多问题的广告集中在美容用品、减肥用品和部分药品、营养品广告上。受众轻则会对此类广告产生反感，重则会将商家与商品代言人告上法庭。

虚假广告是人们关注的热点，而如今各种明星代言的医药、保健品广告更是泛滥成灾。每年央视举办的"3·15"晚会都会揭露一些消费领域的造假与欺骗现象，其中不乏虚假广告的案例。这更加证明了受众对诚信消费的期盼和重视。

第二节　广告心理效果评定

一、广告效果的概念

所谓广告效果,是企业通过媒介发布广告作品之后,消费者受到的影响和结果的总和。它贯穿广告活动的整个过程,在广告作品创作时已经产生,在媒介发布时得以体现,最终落实到消费者发生购买广告商品的行动上。因此,广告流程中的每一个环节都显示着广告效果。广告效果是经济效果、心理效果和社会效果的统一,是多种因素复合作用的结果。有鉴于此,广告效果的测评是广告活动中的重要环节,也是十分复杂的。

二、广告心理效果的相关内容

(一)广告心理效果的概念

广告的心理效果(Advertising Mentality Effectiveness),又称广告接触和传播效果,也有人称为广告本身效果。它是指发布的广告作品在传播过程中对接受者引发的心理效应的程度。接受者的心理反应越强烈,效果越明显。

广告心理效果是接受者在接收到广告信息之后,在接受者的知觉、注意、记忆、理解、情绪、态度、行为欲求等诸多心理要素方面产生的影响。它不是以直接的销售情况的好坏作为评判的依据,而是以"到达效果""知觉效果""记忆效果""态度变化效果""行为效果"等间接促进产品销售的心理因素作为评判的根据。

广告的作用,不是只提供资料,而是要造成说服的力量。广告可以创造消费,引导消费,也就是可以使消费者因广告而产生欲望,使欲望又能演变为有效需求,这样市场就被打开了。例如,在新的产品或劳务项目上市之初,广告可以以全新的观念诉诸消费者,采取反复诱导、多次示范等方式使他们接受新的消费观念和知识,进而唤起他们的初级需要的意念,打开新市场;在同类产品或劳务竞争激烈,但还存在潜在市场的情况下,广告则可以采用进入消费者心智的"定位"策略,重塑产品或劳务形象,刺激消费者的选择性需要,使其对已知产品形成新的需求意念,创造"名牌效应",刺激消费者的潜在需求。

好的广告必须能满足消费者的心理需求，运用种种技术方法和手段引起消费者的注意，促进他们的记忆与联想，使其产生认知、情感和行为方面的变化，提供购买理由，诱发消费者的潜在需要和购买欲望，激发其购买动机，并使消费者感受到获得这种产品所带来的愉悦和满足。同时提高消费者对产品的知名、理解、偏好的程度，增进消费者的购买信心和信任感，并使他们形成指名购买的品牌效应。广告的心理效果，正是通过广告作品的宣传说服，影响消费者的心理活动状态，改变其心理和行为过程而表现出来的。

（二）广告心理效果的特点

广告心理效果的形成是十分复杂的，其内部结构受许多因素的影响，因而在测定过程中要特别注意广告心理效果的以下特性。

1. 滞后性

所谓滞后性，是指消费者在接受广告影响时，由于时间、地点、经济条件等因素的限制，从接受广告—产生需求—实施购买行为的过程来看，不会都是即效性的，可能具有一定的滞后性，从而出现广告生效时间的推移。也就是说，虽然很多人看广告，但是马上购买广告商品的人并不多。时间上的滞后性使得广告效果不易马上看出来。所以，不能仅从短期内的销售效果上去判断广告效果。例如，一个人看到了某品牌牙膏的广告，但他要在旧牙膏用完之后才会买新的；而在他购买新牙膏时，可能记得，也可能早已将那个品牌的牙膏广告忘掉了：这种时间维度上的特性是测定广告效果时最大的困难。

2. 潜在性

消费者受到广告影响而购买了商品，在使用一段时间后，因其价廉物美，而向朋友、亲戚推荐，从而激起他们的购买欲望，或者在受到广告影响后，自己不买却推荐别人购买。这就是广告的间接效果，也可以叫作社会效果或宏观效果。它是很难准确测定的。

广告的潜在性是指广告在较长时期内的潜移默化作用和深远影响。有些广告如企业声誉广告、观念广告、公共关系广告等往往通过反复的宣传，在广大广告受众中以改变某种消费观念或树立产品信誉和企业形象，以期达到长期占领市场的目的。当然要达到这种效果的广告往往需要带有一定的公益性，才能使产品或企业在受众心目中树立起良好的形象，与那种侧重于及时的销售效果的纯商业性广告有所不同。

国内外的一些知名企业都比较注重广告的间接效果。为希望工程捐款捐物、资助贫困大学生求学等赞助公益事业的企业行为在不断涌现，这些行为本身就是企业所做的广告，意在提升企业形象，获得公众认可。在上海，三菱电梯有限公司给许多与公司同龄的孩子寄去了礼物以示对孩子成长的关心，这份关心一直陪伴至孩子完成学业。而这些孩子的家长在接受礼物之际说出了他们的心里话：上海三菱公司关心我们的孩子，将来孩子长大后也要为上海三菱公司出力。这样的广告其潜在效果将会一直延续下去，使企业具备较好的知名度和美誉度。

3. 间接性

所谓间接性，是指有的消费者直接受广告宣传的影响产生了购买行为，而另一些消费者则是受广告直接影响的人的极力推荐导致了购买行为。这种效果就是间接产生的。例如有三位关系密切的消费者，其中一位被连续播出的电冰箱广告打动并购买了该产品，使用一段时间后，便向两位朋友大力宣传其质量如何好，激起了二位友人的购买欲。这是一种连锁反应，即以原来的广告激发行动为因，产生了连续购买的效果。第一位消费者受广告影响而购买的广告效果容易测定，可是广告间接效果的测定比较难。

4. 累积性

所谓累积性，是指广告的反复出现，每次都在加深消费者对广告产品或劳务的印象。因此，广告效果是多种媒介反复进行广告宣传的综合效果，很难测定单一的某一次广告的效果。例如，某广告连续登载五次，前四次消费者都未采取购买行动，到第五次广告时，产生了反应。这种反应不仅是第五次广告之功，也包括了最先四次广告所累积的结果。未发生购买行动之前，是广告效果的累积时期，应进行连续多次冲击，强化广告影响，才能使量的积累转化为质的飞跃。

5. 复合性

广告是一种多元化的信息传播活动，它可以通过多种媒体组合来传播。随着经济、科技的不断发展，新的媒体大量出现，极大地丰富了广告市场。例如，动态看板广告就是一种新形式的广告。这种广告又称为互动广告，是一种浮在水面上可以漂动的广告。

除多种媒体传播效果影响外，广告心理效果同时受到企业营销活动的影响，如公共关系、减价优惠、随货附赠、售后服务等，因而广告效果更加呈现复合性。由此，广告效果的复合性也提醒我们注意，广告效果（尤其是广告经济效果）不佳，有时并不一定是广告本身引起的，因此不可盲目单纯地将责任统统归咎于广告。所以，在广告心理评估中就要求必须从总体上掌握影响广告活动因素的规律，以此测定广告心理的实际效果。

6. 两面性

广告心理效果既有好的促进一面，也会产生不好的消极作用。如果不注意受众的心理因素和市场环境因素，广告的推出可能会产生与促销愿望相反的效果。

（三）广告心理效果发生的过程

广告心理效果是广告作品通过广告媒介，与受传者之间进行信息传递的过程中产生的。一般来说，人们对广告信息的心理反应活动经过以下几个阶段：

第一阶段：感觉器官感知广告信息，知晓信息的内容。这是心理反应过程的初始阶段。在这一过程中，首先是感觉，即感到信息的存在（如消费者看到、听到，或是二者兼有之）；然后是注意，对信息进行指向性的接收；最后是知觉，即了解广告信息的内容。这时，消费者的某种消费需要就可能被引起，产生购买倾向；但也可能在后面的阶段才会产生消费需求，激发消费动机。这往往由消费者当时的心理状态、需要情况、个性特点等所决定。

第二阶段：对广告信息进行思考、判别，并产生态度、情感和行为的反应。在这一过程中，思维对进入短时记忆或已进入长时记忆的广告信息进行思考、理解和评判，这一过程中信息储存时间的长短和储存量的多少、对所宣传的商品是否形成鲜明的品牌印象等较为重要；这时，给消费者提供一些知识，使其对广告所宣传的商品有所了解，就会产生兴趣，即由广告诱发的联想或好奇，由思维引起的心理反应的强化或弱化。对广告信息真伪的评价。认知评估之后，若产生对广告信息的偏好取舍，就会出现喜欢和积极的态度与情绪性反应；由于对广告信息反复接触的次数增多，亲近感和好感一般会增加，逐渐形成新的评判体系，使消费者接受广告的宣传，或改变消费者对该商品的情绪反应，形成积极的态度，进而激发购买需求和动机，并可能形成购买行为。若认知评估不满意，如广告信息的可信度低、认知不协调等，则会产生对该广告信息的弃置处理。

第三阶段：购买后的信息反馈及购买信念的形成。消费者购买广告商品后，其使用效果的体验形成反馈信息通路，返回传入认知评估系统和情感、态度系统。若使用效果不满意，或并非像广告所宣传的那样，则反馈信息最终会被抛弃；若使用效果满意，则反馈信息进入认知评估系统和情感、态度系统后，将使该信息的积极效果被进一步强化，消费者相信该广告所宣传的内容，态度趋向稳定，形成较稳固的信念和对广告内容或商品品牌的好感，并导致重复购买行为的出现，最终形成品牌效应，产生对该品牌的忠诚感。

在上述每一个心理反应环节中，都可能导致广告信息的舍弃、衰减或加强。这受许多复杂因素的影响，诸如广告作品、传播方式、媒介特点、消费者心理状况与个性特点等。所以，广告要达到理想的效果，必须在广告的计划、设计、制作和运用等环节上充分重视每个阶段的特点，把握消费者的心理活动及其规律。广告心理效果的发生过程可见图 6-1。

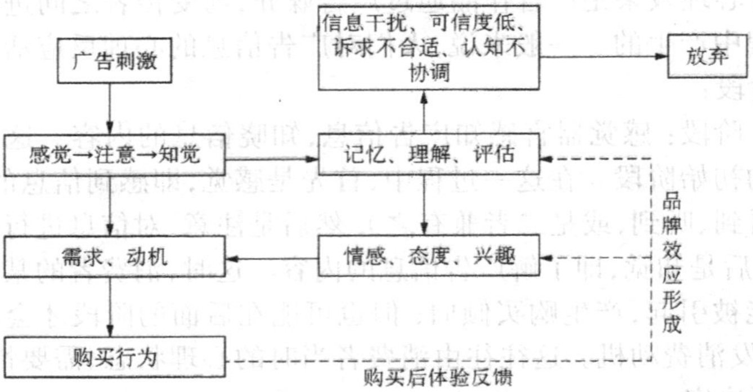

图 6-1　广告心理效果发生过程

三、广告心理效果评定的相关内容

（一）广告心理效果评定的概念

广告效果评定（Measurement of Advertising Effectiveness），就是对广告目标经过广告活动之后所实现的程度的测量和评估。其目的在于测定广告作品及其运作方式和途径是否有效，以便增进广告效果，避免广告宣传的失败。广告效果评定包括广告经济效果的评定、广告社会效果的测定和广告心理效果的评定。

广告心理效果评定（Measurement of Advertising Mentality Effectiveness）是运用科学的方法和技术，分析、研究和评价广告对消费者心理与行为所产生的影响程度，尤其是广告信息的有效性和消费者的接受程度。诸如广告信息能否被正确接受、理解，能否起到激发情感、树立信念或改变态度、促进行为的作用等。

(二)广告心理效果评定的意义

1. 对广告决策与效果进行检验

通过对广告效果的测定与评价,可以使营销主管或高层领导,检查广告活动决策方面的问题,如广告目标与企业目标、市场目标、营销目标是否吻合,广告媒体运用是否恰当,广告发布时间与频率是否适宜,广告费用投入是否合理等,总结成败与得失,提高广告策划水平。同时,可以了解广告的有效性和被接受程度,以增进广告效果。

2. 对设计与制作进行改进

通过广告效果的测定和对消费者接受广告作品程度的了解,可以使广告创作人员了解广告主题是否突出,广告诉求是否符合消费者的心理需求,广告创意是否感人等,从而改进广告设计,创作出更好的广告作品,使广告传播内容与艺术表现形式的结合日臻完美,广告诉求更加有力。

3. 帮助企业调整生产机制和经营策略

由于广告效果测定能够较客观地肯定广告所取得的效益,并找出哪些广告之外的因素影响了企业产品的销售,如产品设计问题、质量、价格问题等,从而可以帮助企业有效调整生产机制和经营策略,提高广告主的信心,同时为广告经营部门争取更多的客户。

(三)广告心理效果评定的原则

在广告心理效果评估实施的过程中,首先必须遵循一定的原则,选取适当的测定标准,运用科学的评估方法以保证广告心理效果评估的准确性,以达到预期的测定效果。这些原则主要如下。

1. 相关性原则

广告效果的测定内容要与所研究的问题、测定目标相一致。如广告的目标是争取更大的消费市场,那么广告心理效果的测定应放在从未使用过这类产品的消费者的态度改变上;如广告的目的在于建立产品知名度,则测定的内容应着重于消费者对产品的认知及记忆;如广告媒体传播的信息引起消费者的注意,产生购买行为,从而也使得销售额增长,这时就需测定媒体产生的是销售效果还是心理效果,等等。只有明确而又具体地确定目标,才能选择科学的方法。

2. 可靠性原则

在效果测定中，选取的样本一定要有典型性、代表性，样本的选取数量要根据测定的要求而定，测试要进行多次，反复验证，测试的条件及方法必须前后一致，这样才能获得可靠的检验结果。假如多次测试的结果基本上相同，其可靠程度就高，否则就要对测试的结果做进一步的研究。

3. 目标性原则

企业进行广告活动往往具有非常明确的目标，因此在进行广告心理效果评估时，必须首先测定达到广告目标的程度。广告效果测定包含众多的内容，应该对广告主要目标的测定项目给予较大的权重，使广告效果的测定更加合理。

4. 综合性原则

由于受广告效果影响的因素较多及测定过程中不可控因素的存在，因此，对广告活动所产生的巨大经济效益要综合考虑其相关的各种因素，测定某一具体广告时，不仅要考虑市场的现状及发展趋势，还要考虑选择适当的媒体组合以及广告所受时空、地域等条件的影响，这样才能准确地测定广告的真实效果。

5. 经济性原则

进行广告效果测定，所选取的广告样本的测定范围、地点、对象、方法以及测定指标等，既要满足测定的要求，也要充分考虑企业经济承受力，尽可能做到以较少的费用支出取得满意的测定效果。

（四）广告心理效果评定的内容

广告心理效果测定的内容，一般包括四个方面，即广告作品测定、广告媒体测定、广告目标效果测定、广告影响力测定。

1. 对广告作品进行测定

广告作品评价，主要是在广告作品正式发布之前，对构成广告作品的各要素进行检验与测定，解决广告定位是否准确，广告主题是否恰当，广告创意是否引人入胜，广告作品是否具有感染力和震撼力，广告文稿能否满足广告对象的需要、激发其应有的心理变化、引导其购买行为等问题。广告作品测定一般包括：

（1）广告主题评价。广告主题评价是广告心理效果测定的第一环节，也是最重要的一个环节。它直接关系到是否把广告主想要传播的信息告知了消费者，是发挥广告功效的基础，是真正满足消费者需要、引起消费者注意和兴趣的前提。因此，广告主题必须鲜明、突出。主题的选择可以根据产品本身的特点，也可以针对竞争对手的缺点。广告主题是否恰当，可通过对目标消费者或专家的调查测定，了解他们对广告主题的看法，对广告传达的产品特性的兴趣；看看广告是否有充足的论据来凸显主题，有没有充分的感情来渲染主题等。

（2）广告文稿评价。广告主题确定后，创作人员要进行广告创意，选取最佳的广告表现内容。广告文稿评价就要测定广告主题的创意是否集中、鲜明、新颖，是否准确地反映了主题的精神。广告创意评价可以准确地了解消费者对不同广告创意的反应，了解广告创意使消费者产生美好的联想。此外，广告的标题、图片、文稿内容、版面安排、印制技术等有时也要用较大精力来测试，以了解广告文稿的可看率、记忆度、影响力等，使广告作品更加完美。

2. 对广告媒体进行测定

广告活动中的大部分费用是用来购买媒体，因此媒体的选择十分重要，若选择不当或组合不当，都会造成广告费用的极大浪费，并使广告活动达不到预期效果。广告媒体的选择和运用方式，应与不同的广告作品、不同销售产品的性质和特点以及不同的广告策略、要求等相适应。通过测定广告媒体是否符合消费者的需要，是否为消费者接触最多等，可以较为准确地掌握广告活动中媒体的最佳选择及组合。广告媒体选择及组合评价主要包括：

（1）广告媒体选择是否正确；

（2）重点媒体与辅助媒体的选择是否合适；

（3）媒体组合搭配是否恰当；

（4）媒体对视听率、阅读率的影响如何等。

3. 对广告目标效果进行测定

广告目标效果是指广告目标的实现程度。广告目标不外乎两方面：一是提高商品的销售额，增加利润，使企业获得经济效益；二是在消费者心目中树立商品或企业的良好形象，为企业的长远发展奠定良好基础。对广告目标效果的测定，可分为以下几个方面：

（1）广告到达率。也称广告覆盖面，即广告通过媒体到达消费者的范围。

（2）广告视听率。即收看、收听广告的消费者人数多少。但这要进行相对的统计，因为有些媒体到达率很高，但接收率不高，而有些媒体到达率不高，接收率却很高。

（3）广告注意率。指广告发布后引起的消费者关注程度。广告收视率与注意率成正比。

（4）广告记忆率。指在消费者中能记住广告内容的人数多少。

（5）消费者印象。即广告对消费者的心理、态度的影响，产品和企业在消费者的心目中形成的印象。

（6）销售目标情况。即广告发布后，销售额在一定时期内的增长率。

4. 对广告影响力进行测定

这是在广告活动全部结束后对广告活动传播效果的总体评价，以了解消费者与市场通过广告活动之后，对企业或商品认知、理解、态度等的变化，以及销售量和市场占有率的增长等。但要注意广告效果迟滞性的影响，把握好测试时机。广告影响力的测定包括以下几个方面：

（1）知名度。通过广告活动后品牌名称传播的程度，即有多少消费者对产品品牌了解、偏好和需要。

（2）理解度。即个人对产品特性的认识程度。

（3）偏好度。即通过广告，消费者对该产品的态度是否比对其他同类产品更佳。这是消费者购买产品的主要因素之一。

（4）欲望度。即消费者看了广告之后对该商品所产生的购买欲望的程度及其变化程度。

（五）广告心理效果评定的步骤

为了确保广告心理效果测定的质量，使整个测定评估工作有序地、系统地、全面地进行，必须合理安排测定程序，其测定基本程序主要包括以下四个步骤。

1. 明确测定目标

广告心理效果测定的第一步是根据广告活动的策略来确定测定的目标。广告心理效果测定的目标主要有：广告媒体、组成广告作品的各要素、广告播放时间及重复频率、广告产生的销售效果等。

广告效果测定目标的确定方法一般有两种：一种是归纳法，即了解广告主广告促销的现状，根据广告主的要求确定分析研究的目标；另一种是演绎法，其基本思路是根据广告主的发展目标来衡量企业广告促销的现状，即广告主发展目标—企业广告促销现状—企业广告效果测定目标。

2. 制定测定计划

为了保证广告心理效果测定的顺利实施，达到测定的预期目标，必须制定一套科学的广告心理效果测定实施计划和方案。广告心理效果测定计划一般包括测定内容、测定的目标与要求、测定的步骤与方法、测定的时间与地点、测定的范围与对象、测定人员的安排与分工、测定费用预算等。

3. 实施测定方案

这是广告心理效果测定程序中最复杂的阶段。测定人员的选择直接关系到广告测定的质量。测定人员必须认真、仔细、严格地按照预定目标与计划去实施，这样才能使计划有序地开展。

在实施过程中，确定测定方法、测定对象和调查问卷是三个最为重要的方面。

（1）对测定方法进行确定。根据测定的目的和内容，选择适当的测定方法。广告心理效果测定的方法很多，但关键在于本次广告心理效果的测定是否符合科学的检验方法，是否适用，因此，为了保证测试效果的准确性，必须采用多种测定方法来综合测定广告心理效果。

（2）对测定对象进行确定。确定测定对象是否正确，关系到广告心理效果的测定是否有实际意义。它包括寻找目标对象、选定测定方法、确定样本数等。

目标对象该如何找寻，如何界定，是广告测定的重要步骤。目标不同，对象的选择也就不同。如果广告所宣传的内容是针对男性的，那么就应选择男性为测定对象；如果广告的目标对象是婴儿，那么就应该以父母为测定对象。由于目标对象是一个数目众多的群体，因此，要选择一种抽样方法，综合考虑目标对象的各种因素，力求抽出典型的目标对象。在广告心理效果测定的过程中，一般运用非概率抽样方法。这种方法具有方便、省时、省费用的特点，缺点是受人为因素的影响，易造成测定误差。在确定测定对象时，还应考虑样本数量。样本数量大，结果比较准确，但费时、费钱；样本数小，虽省时、省钱，但不一定能反映整体情况。因此，在测定时，要根据测定内容及企业经营状况，确定一个合理的样本数。

（3）对调查问卷进行设计。首先要确定所调查的主题，然后通过初步调查、设计草案、事前测定制成的问卷来保证主题明确、范围适当、方式合理。其次，要掌握面谈技术及提问题的先后次序，善于观察被测者的心理变化及行为动机。具体而言，即提出的问题要具体、清晰、简明扼要，使测定对象易懂、易记；提出的问题要合情合理，使测定对象愿意回答，避免诱导性问题。

（4）对搜集到的资料进行整理分析和解释。测定活动完成之后，要将获得的资料加以整理、分析，剔除虚假和不适用的部分，运用各种统计方法和手段，找出资料之间的内在联系，得出具有规律性的、有价值的结论。若实际结果与研究假设之间有差距，就要分析产生差距的原因，寻找问题的真正根源。

（5）对测定报告进行撰写。广告心理效果的测定报告是对测定过程的书面总结。其基本内容包括研究的问题及其范围；研究问题运用的方法，问题发生的时间、地点及导致的结果；各种指标的数量关系，计划与实际的比较；经验总结与问题的分析，解决问题的措施、建议及展望等。

研究报告的撰写要做到书写工整，文字简洁流畅，逻辑关系严密，层次清楚，结构紧凑，数字真实可靠，说明问题实事求是，对于问题的分析深入浅出，有论点、有论据、有分析、有说服力。

（6）对测定报告的结论与效果进行考核。测定报告提交之后，还应注意观察和研究其使用情况与效果如何。要收集各种反映情况，找出测定报告中的不足之处，以使以后的广告心理效果测定工作做得更好。

（六）广告心理效果评定的方法

1. 调查测定法

调查测定法（Investigation Method）是指根据一定的研究目的和任务，运用多种科学的手段和方法获取有关资料，从而测定广告心理效果的方法。

（1）印象测验。印象（impression）是人对某一客观事物的概念、感觉、知识、态度、评价的总称。广告作品必须制作得非常吸引人，符合观众的心理，控制人们的情绪，把商品广告与艺术形式有机地结合起来，才能使受众（消费者）在获得艺术和精神享受的同时，了解广告商品的特征，对其产生良好的印象，由深刻记忆转化为购买行为。印象测验，就是对广告作品在消费者心目中留下的形象的测试。主要是围绕广告作品主题是否突出，标题是否醒目、令人过目不忘，色彩是否相宜，声音、画面、音乐配合是否协调，对消费者喜欢或厌恶该作品的哪些内容、哪些部分等问题进行调查研究，以便加以改进。具体方法如下。

①要点采分法。要点采分法（Rating Factors）是由广告诉求的目标消费者或广告专家填写已拟好的评价性问卷。有时只要求他们回答一个单独的问题，如“您认为这些广告作品中，哪一则最能促使您购买该产品？”但通常是要求他们回答下表那样的多个问题，即对被评价的广告在吸引力、可读性、认知力、亲和力和行为力等方面评分（表 6-1）。

表 6-1　广告作品评价表

评价项目	评　价　标　准					得分
吸引力	该广告吸引注意力的程度如何？（主要考虑视觉与听觉形象）					15 分
	该广告对潜在购买者的吸引力如何？					5 分
可读性	能否使人很快了解广告的全部内容？					10 分
	能否使人愿意进一步详细阅读？					10 分
认知力	该广告的诉求重点突出吗？					20 分
亲和力	该广告引起的兴趣如何？					10 分
	该广告引起的对所宣传商品的好感程度如何？					10 分
行为力	该广告激起购买欲的作用有多大？					10 分
	该广告激起购买行为的作用有多大？					10 分
广告得分 广告等级	0 ~ 20 极差	20 ~ 40 下等	40 ~ 60 中等	60 ~ 80 上等	80 ~ 100 极优	

这种方法的理论假设是，如果一则广告能够有效激发消费者的购买行为，那么它在表 6-1 中的几方面的特性上的评价都应该得高分。所得分数越高，说明广告作品越有效。该评价表在实际运用中，可根据广告目标和要求的不同而对所评价的特性进行调整。

这种方法易于施行，但准确性较差。该方法可能更适合于滤掉不良广告，而不适合于筛选优秀广告。

②等级评定法。等级评定法（Rating Scale）是请被试对所测试的广告作品，按照某种标准进行评价，然后由高到低排列出它们的等级顺序。测试时，可向被试提出如下问题：

请根据你的看法，对下面的问题进行回答并评定其分数，评分的依据是："最好"——5 分；"较好"——4 分；"一般"——3 分；"较差"——2 分；"最差"——1 分。

a. 在这些广告中，哪个最吸引你？为什么？

b. 哪个标题口号会使你再看下去？

c. 哪个广告使你产生了购买欲望？最有说服力？

d. 哪个广告最使你相信其产品的品质？

也可利用下面的表格，列出若干要点，请被试逐一比较评分。然后询问他们选择某个广告或认为某广告比其他广告好的原因是什么。

请比较下列广告稿中的各项要点并评分					
	标题	广告语	图案	色彩	创意
A 稿					
B 稿					
C 稿					
D 稿					

被试应从该广告商品的诉求对象中选出。例如,测试化妆品的广告,应以女性为对象;测试老年人用品的广告,应以老年人为对象。

这一方法也有简单易行的优点,可以了解不同广告或同一广告的不同要素在人们心理上引起的反应,有助于广告工作者更好地了解如何设计与制作广告。

(2)冲击法。冲击法(Impact Method)主要用于广告刊播前对广告文稿的注意效果和记忆效果的测定。阅读率测定得到的往往只是人们对广告的一般印象,而每一广告给读者或观众留下印象的深浅程度不能得知。冲击法就是为了在众多广告作品中找出冲击力最大的作品,以选择其作为刊播作品。

使用这种方法测试时,先把需要测试的广告混入一些不作测试的广告中(或制作成杂志、编排在报纸中),然后发给消费者随意去看,时间不作规定。当消费者看完后,与其面谈有关广告测试的问题,请消费者回忆所看的广告,越详细越好。例如,您看过的是一些什么广告?广告里有哪些内容?每个广告有何特点?广告的意图是否表达清楚,是否正确?您最喜欢哪一幅广告?您认为这项广告的寓意是什么?哪一幅广告设计最富于趣味性?哪一幅插图最令人喜爱?等等。

冲击法测试一般要用完整的广告稿。若是不完整的广告文案,则其他用于搭配的材料就必须减至与受测广告一样的程度,以保证测试的公平性。应用这种测试方法一次评估 5 ~ 10 张广告文稿为宜。

(3)分刊测定法。分刊测定(Split-run Test)是为了检验不同广告作品的影响效果,或广告作品中某一因素对广告效果的影响。

方法之一是:对某种商品制作两种不同的广告文案,为判断哪种效果更好,可以在同一日期同一媒体的同一版位,登载篇幅相同的这两种广告作品。暗地里将它们分别编为 1 号、2 号,然后使用分刊印刷的方法,在半数刊物上刊登编号为 1 号的广告作品,在另一半刊物上刊登编号为 2 号的广告作品。分送用户时,分刊印刷可以平均分配,避免疏密不均的现象。登载的广告作品中均写有“持本广告咨询,奉送精美礼品”的字样;

若要求消费者回函咨询，则两者可仅在回复地址或收信人等细节上稍有差别，以作标记。最后根据收到的反馈信息，通过评估广告要素、销售效果等区分出哪一种广告作品的效果更好，从而在正式刊播时采用。

另一种方法是：在条件相同的两个地区，用同样媒体发布不同的广告，然后测定广告的销售效果。

这种方法的优点是检验对象比较明确，检测条件比较一致，回复率较高，因而检测结果准确率也较高。其缺点是局限性较大，只能用于印刷广告，并且限于那些有分刊能力的刊物；此外，赠品的吸引力会混杂到广告作品的效果中去，若不加以区分，可能干扰测量的准确性。

此法也可用于对广告作品行为效果的测定。

（4）投射法。投射法是给被试一些意义不确定的模糊刺激，引出被试的反应，借以考察其内心世界的潜意识。在广告作品的测定中，让被试把自己置身于某一环境中，以自己的感觉和经验自由发表意见，并回答调查者提出的有关产品、品牌等方面的问题，他们往往会吐露出自己的真实看法及内心的感觉、思想和欲望。

2. 实验室测定法

实验室测定是在严格控制外界条件的情况下，用心理学仪器在实验室中测定广告作品对消费者产生影响的某些客观指标。这种方法科学性强，较为严谨，但时间长、成本高，难以避免一定的人为性。目前常用的方法有以下几种。

（1）速示器测定。速示器（tachistoscope）是一种能够在极短的时间内以不同速度（从 1/100 秒至数秒间）向被试呈现刺激的装置。它主要用于测查广告各要素引起消费者注意与记忆的程度，即被试在瞬间获得的广告印象。

速示器测量时，先在极短的时间内呈现广告刺激物，然后逐渐延长呈现时间，让被试把所看到的东西画在纸上。开始时，被试可能什么都看不出来。随着呈现时间的延长，广告内容就逐渐被看出和记住。根据被试对刺激内容的注意程度及其短时记忆量与刺激呈现时间的关系，就可以计算出广告或广告要素对消费者的影响效力。一般而言，首先引起消费者注意，或是达到某一注意程度的呈现时间越短的广告或广告要素，其影响效力越大。

所以，速示器测定尤其适用于广告文稿正式发布前的效果评价。其用途和特点归纳如下：

①测定平面广告中各要素，如标题、图案、字句、商标、品名、照片、公司名称等的显眼度（salient）、易认度（readability）。若被试觉察和看清刺

激所需要的时间越短，则该广告的显眼度越高；一瞬间觉察到的刺激的数量或某些刺激在限定时间内被觉察的次数越多，说明它们越容易被注意、被认出来。

②测定各种构图的“位置效应”（Attention Values of Various Positions），以确定大标题、图案、公司名称等的适当位置。

③测定各种商标、标签、标志设计的易认度，以便设计其最佳结构，使消费者能在匆匆一瞥之中完全认出来。

④测定广告文案的易读、易认度。

⑤比较两种以上内容相近、目的相同的平面广告作品的显眼度、记忆程度和位置效应。

⑥利用照片、图案的模拟，研究户外广告，如霓虹灯塔、墙壁广告、铁路线广告等的用色、构图。

⑦测定商品包装设计的显眼度、易读度。

例如，针对一份广告文案的大标题，设计者基于艺术的考虑对其字体、颜色、位置的选择做了最美的安排。但是，广告大标题的首要功能应是“抢眼”优于“悦目”，当“抢眼”与“悦目”不可兼得的时候，艺术效果便应该对广告效果让步。因此，就可利用速示器，对各种大标题设计的“显眼度”进行测量，以定取舍。

（2）皮电仪测定。皮电仪（Galvanic Skin Response）测定简称 G.S.R，是一种可以测量和记录被试在接受广告刺激时的皮肤电阻变化的装置。其原理是，人随着情感的起伏变化，会出现心跳、汗液等的变化，从而使皮肤导电性能改变。这些生理变化经过记录和整理，便成为观察心理反应的重要指标和依据。测谎器的原理与此类似。在广告心理效果测定时，被试在观看广告画面的过程中，由画面引起的情绪卷入激动或紧张，都会导致汗量增加而使皮肤电阻下降，从而发现被试内心情感受到广告冲击的地方；再进一步分析被试内心所受到的冲击是积极的还是消极的，原因何在等，这样就可找出最好的广告节目的方案。

（3）双眼竞争测定。双眼竞争（Eyes Competition）是指在观察同时出现的两个刺激时，利用双眼对刺激的争夺来确定哪个刺激占主导地位。它的实测过程是：将 A、B 两个广告文案同时呈现在被试面前，并给他一个手握计数器，要求他在不自觉地看到某个特定广告文案时（如 A 文案），就按一下计数器。这样，就可知道在规定的时间内，每幅广告被看到的次数，以及每幅广告被看到的时间，从而判定其效果的优劣。被看到次数多、时间长的文案即可判断为效果较好的广告文案。

（4）记忆量测定。记忆量（memory）测验在广告研究中通常用于研究一定阅读时间内，被试对广告内容的记忆量。

测定时，将一个广告设计图或文案显示在电脑屏幕上，通过定时装置，控制文字或图片显露的时间，即控制被试阅读广告文案内容的时间。当被试看完全部或部分材料后，主试可以使用回想法或再认法（Recognition Method）测验被试的记忆，从而估计出产品名称、企业名称、文案设计中的主要内容的易记程度如何、哪些东西易于记忆等。

总之，在广告作品的制作阶段，一般应进行三方面的测定研究。

第一是广告效用的测定。广告商品的特征有哪些，如何做到与众不同，与同类竞争商品相比较，该商品能带给消费者的更有效的用途与特征是什么，这些往往成为广告作品制作阶段的中心课题。

在具体制作广告商品的文案时，应以上述调查中的商品测试、消费者购买动机和意见等结果作为依据进行修改；也可根据广告商品目标对象的意见对该商品的使用效果进行预测。

第二是表现主题的测定。要检测广告文案的表现主题是否能引起消费者兴趣，是否能赢得消费者的关注，以及是否与商品和商品效用相适应等。这不仅有利于评估和选择广告文案，而且对于发掘新的表现主题也很有帮助。

第三是广告文案的测定。当广告文案接近完成时，通过各种测定，选择最优的方案。

第七章　广告心理学的实际运用

优秀的广告作品往往经过新颖的创意、全面的设计、精细的制作，符合广告受众接受广告信息的方式，通过真实准确的产品信息，推动广告受众理解广告内容，促进购买决策过程，增加购买行为发生的频次，有利于树立品牌形象。

第一节　企业营销中的广告心理运用

一、信息传播运用

（一）广告信源

广告信源是指广告信息的来源，即发出消息者。从广告信息传播的过程中我们可以看到，广告信源决定广告传播的效应。当广告的信源具有一定的真实性和权威性时，广告信源到达广告信宿后得到的信赖价值会很高；如果人们对信息的可靠性和权威性产生怀疑，其信赖价值就会降低。广告信源是否真实，将直接影响到人们对广告的信赖，影响到广告所产生的效益。

由于传播的媒体形式多样，为了将信源发出的信息及时传递给信宿，广告设计者必须对原始信息进行处理，使之符合传输要求和接收要求。对原始信息的处理必须注意 5W 和 2H。

（1）何事（What），发布或传递什么信息；

（2）为何（Why），为什么发布和传递这一信息；

（3）何人（Who），由谁传递这一信息；

（4）何时（When），在什么时间传递这一信息；

（5）何地（Where），向什么地点传递这种信息；

（6）何度（How much），传递信息达到何种影响程度；

(7)何法(How to),用什么信道传递。

这7个方面看似简单,实际操作起来十分复杂,处理得当,会使广告信息传播顺畅,达到良好的传播效果。如美国某公司在推出WD-40润滑剂时,既没有选择报纸、路牌,也没有选择电视或直邮广告,而是根据产品的特点,选择杂志做了跨页广告,在跨页间设计了两个门上用的合页图形。当消费者拿着杂志随意翻阅时,杂志广告页面上的合页图形会轻松地启合,巧妙地传递出润滑剂的感觉(图7-1)。

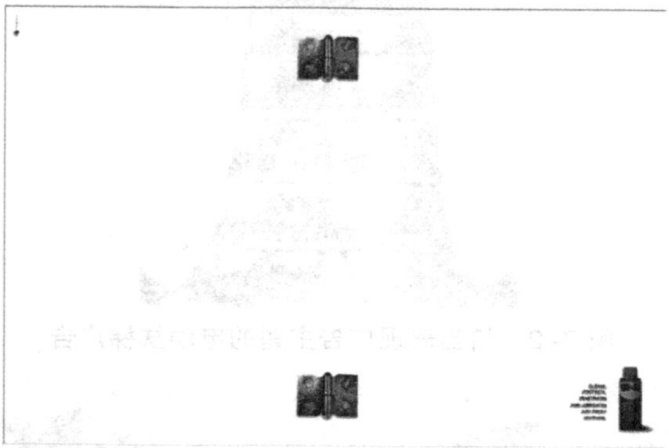

图7-1 WD-40润滑剂的跨页广告

(二)广告信道

广告信道就是广告信息传输的通道。它由信息的载体、信息的编码、信息的传输渠道组成。

信息载体是信息符号的携带者,是信道的基础。记录和传输广告信息的载体很多,但常用的主要有两种:纸质载体和文字符号;电能物质载体和声、光、图像信息符号(图7-2)。

广告信息经由信道传递到信宿,必须按照信道能够通过、信宿能够接收的要求,将原始信源资料转换成便于传播的形式,这便是信息编码。对各种信息的编码实际上是人类语言形式的延伸,是根据各种信息传播形式的特点,选用特定的信息载体而创造出来的各种不同的信息符号形式。这些信息符号内容丰富、形式多样,主要包括图形、文字、语言、声像表演等。信息编码实际是把已知信息处理成信宿能够接受的一种信息。无论这些信息是口头的、书面的或图解的,在通过媒体呈现到消费者面前时,必须是消费者便于理解和认知的。

丰田公司GT68型汽车在英国的广告描述了一种虚幻世界的假想场景,英国当局认为该广告内容与信宿的接受存在一定的差异,以涉嫌“鼓励驾驶者疯狂驾驶，不负安全责任”为由被禁止播放（图 7-3）；而另一则内衣广告，无论是在东方还是在西方，都受到人们的喜爱（图 7-4）。

图 7-2　恰当表现广告主题的电动扶梯广告

图 7-3　汽车广告（［日本］丰田汽车）

图 7-4　内衣广告（［法国］Evere 内衣）

（三）广告信宿

广告信宿是广告信息的到达点，是广告信息的接受者，是整个广告信息传播的目的所在。广告信宿主要有两大特性。

一般来说，广告信源是主动的，而广告信宿对于信源发出的信息是毫无准备的。这是因为广告信息的传播不是指令性的，其传播渠道也不是固定的，是利用多种传播途径直接和间接地抵达信宿。广告信宿接受由信源发出的信息完全是偶然的，是在不自觉中接收的，这就使广告信宿在接收广告信息时具有较大的随机性。如阿迪达斯公司在推出新款运动服装的广告时，利用横跨高速路的广告板传递信息，虽然广告的体量巨大，视觉效果强烈，但是只有在那个区域经过的人们才能看见这个广告（图 7-5）。

图 7-5　阿迪达斯横跨公路的巨型广告

广告公司为了提高广告的到达率，会有意改变受众的随机行为。比如，有些广告商会煞费苦心地提前购买某个媒体的空白版面，留下提示语言，要读者关注某月某天此版面的广告内容，受众并不知道那一天的这个版面要刊登什么广告，因此会在期盼中主动接受广告。

一般情况下，信源发出信息时，信息流只按照事先规定的路线将其送到规定的信宿，例如情报、报告、公文、电报等。而广告信源发出的信息是通过大众媒体传播的，其接收的信宿可以是社会上所有的企业、团体和个人。这样同一则广告信息对于不同的信宿具有不同的作用，如同样的一则商业广告，可以是消费者的购物指南，也可以是其他同类型企业的决策参考。这种多层次、多重结构、多种接收渠道就使得广告信宿具有多元性的特点。

二、需求心理运用

（一）需求层级论

美国心理学家马斯洛认为：动机是需要的一种结果。他在 20 世纪中叶提出了需求层级理论，其基本概念是：人类的需求是有层次的，当较低的需要满足之后，更高层次的一个需求会立即行动，当一个人达到上一层级之后，就有更多新的需求，图 7–6 是马斯洛的层级需求理论。

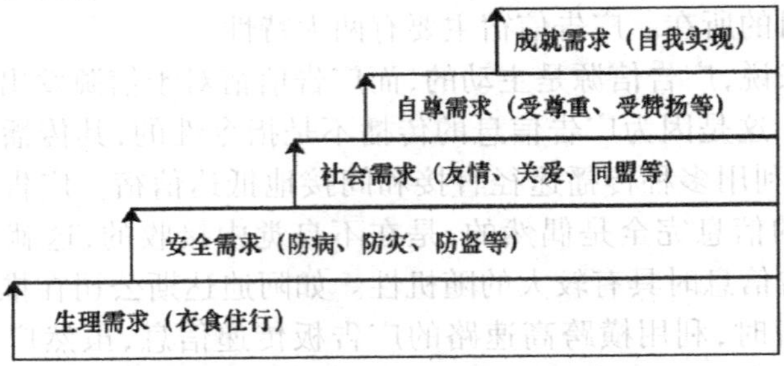

图 7–6　马斯洛的层级需求理论

了解层级需求理论，对于广告设计者来讲大有裨益。如饮料的广告主为了推销产品，常在广告中使用“健康、美味、解渴”的语言来满足消费者的生理需求，而我国杭州娃哈哈集团的非常可乐饮料广告将概念提升到自尊需求的高度，倡导中国人喝自己的可乐，其广告效果非常成功。

（二）新生活世界模式

随着人们生活水平的不断提高，许多专家学者提出了新的需求理论。例如，日本生活未来学者古田隆彦提出了“新生活世界模式”的需求理论。该理论认为成熟消费社会的生活，是由日常世界、现实世界和象征世界组成的。日常世界为最里面的核心，在日常世界之外的现实世界中存在着个人界、社会界、游戏界和向上界；再向外扩展便是象征世界，这个世界可分为眷恋界、符号界、审美界、信仰界。这些多元化的世界才是成熟消费社会的生活。也就是说，成熟消费社会中的每一位生活者，都具有这些角度的消费需要和欲望。在古田隆彦的这个模式中，不仅具有和过去一脉相承的日常生活世界，更有属于个人的审美世界、社会的符号世界、向上的信仰世界，日常生活已渐渐地离开了原本十分重要的或者是唯一的位置，而现实世界，特别是象征世界的各个小世界，都正在新的生活模式中占据越来越重要的位置。这些欲望不是来自于人们的生理性愿望和感觉性愿望而形成的需求，而是建立在人们的语言活动、象征活动之上的欲望，是一种文化性愿望。例如，索尼公司 PS2 游戏机正是利用这种模式进行广告表现，从而获得第 21 届伦敦国际广告节铜奖（图 7–7）。

图 7-7 索尼 PS2 游戏机广告（获第 21 届伦敦国际广告节铜奖）

（三）低层次理性消费渐变模式

一些学者根据现代人的需求状态，把人们的消费形态划分为两种：感性消费形态和理性消费形态。有的学者又将消费时代划分为感性消费时代、理性消费时代和后感性消费时代。中国学者根据中国国情，提出了低层次的理性、感性和高层次的理性三种消费形态，并认为由低层次理性消费形态向感性消费形态、高层次的理性消费形态发展是一个渐变的过程。由于潜在因素的影响，低层次的理性消费形态达到一定的层次后会发生分化，一部分演变为感性消费形态，一部分演变为高层次的理性消费形态。在这里，低层次的理性消费形态指的是消费者基于各种因素，只关注商品的功能性、实用价值，对商品的头等要求是价廉、实用；高层次的理性消费形态是指消费者重点关注商品的功能和品质以及服务。消费者需有相当的经济基础作为后盾。感性消费形态与理性消费形态是相对立的，它注重的不是商品物质本身，而是附着在商品物体上具有某种意义性的、符号性的含义。

许多学者对消费者需求现象的研究表明，随着社会的进步，人们的物质和精神需求日趋丰富。广告设计者要善于发现消费者潜在的需求因素，从而有目的、有针对性地引导消费者，达到促进销售的目的。

三、说服心理运用

广告是一种说服的艺术。所谓说服，是指针对消费者的心理，巧妙地运用某种广告来促使消费者产生购买动机，或改变其态度和习惯，按照广告策划者的意图和意向去行动。

（一）广告说服模式

1898 年，美国人路易斯认为消费者是一个被动的、理性的信息接收者。当受众接收信息后，会引起心理上一系列的变化过程，促使其改变态度，因此他提出了 AIDA 说服公式，即注意（Attention）、趣味（Interest）、欲望（Desire）、购买行动（Action）这个单一线性的古典的模式，后来发展为 AIDMA 模式。

（二）广告说服的方法

广告说服在广告学中有专业用语，称为广告诉求。所谓诉求是指诉以欲望或需求，以博得关心或共鸣诱致购物的动机。广告诉求，就是在广告中告诉消费者，你有哪些需要，如何去满足这些需要，并敦促他们为满足需要而购买商品或服务。从对消费者态度形成因素的分析中我们可以看到，广告要说服人，既可以诉诸于理性，也可以诉诸于感性。采用哪种方法好，要考虑广告的内容、媒体的特性，以及与文化、生活习惯紧密相连的地域特点。下面介绍常用的几种诉求方法。

1. 理性诉求

理性诉求是指偏重于运用说理的方式陈述商品的好处。这种方法多用于技术性的商品或与人身安全有关的商品，如房屋、药品、电器、高档耐用消费品和一些企业形象广告等。理性诉求的对象是一些文化层次较高的或性格内向的消费者。理性诉求对产品的功能品质描述重在写实，不过分修饰，如一则袜子广告用数据详尽地说明了其构造和特性，给人一种可信感（图 7–8）。另外，理性诉求在创意表现上也可以采用恐惧手法，表现如不使用某个产品会出现可怕的后果，例如，法国道路安全管理处发布“车祸不仅祸及车子，请减速”的广告，画面的恐惧感让人触目惊心（图 7–9）。

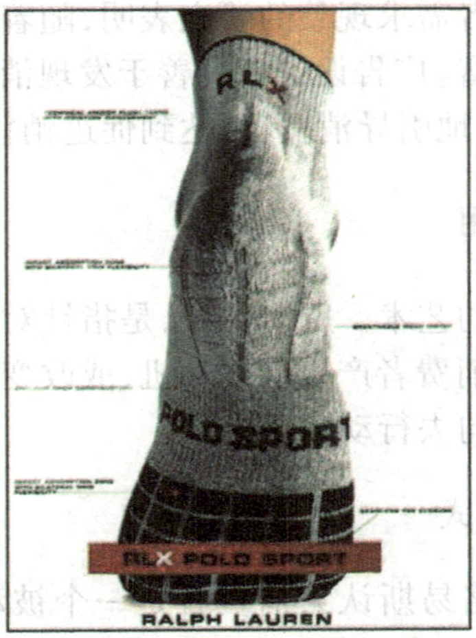

图 7–8　理性诉求广告

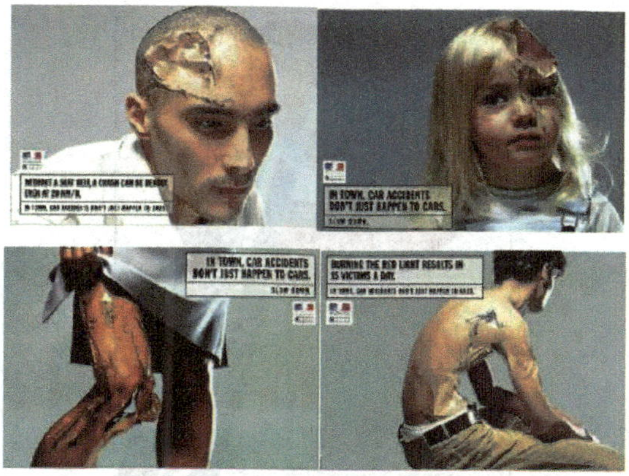

图 7–9　恐惧诉求广告（法国道路安全管理处）

理性诉求在设计表现时要注意理性表达的逻辑性。这里的逻辑性包括思维逻辑和生活逻辑。思维逻辑主要指广告说理符合概念、判断和推理的逻辑要求。随着科学技术的进步和生产水平的提高，现代消费者的思维分析能力有了很大的提高，广告说服不仅需要由个别到一般的归纳式，对许多文化水准较高的消费者来说，更需要由一般至个别的演绎式。这种思维方式对于理解产品有极大的作用。生活逻辑指广告说理要符合人们特定生活常识和秩序，这样能使受众产生亲切感，很快认知和接受广告。

2. 情感诉求

情感诉求是指通过各种艺术手段对受众进行感情诱发，着重调动人们的情感，使受众与广告产生情感共鸣，诱发其购买动机。这种广告一般富有很强的人情味，是以满足人们“自我形象”的需要为诉求重点的。这种广告诉求方法运用比较多的是日常生活用品，尤其是软性商品，如服装、面料和女性用品等。这类商品消费量十分大，买换率高，消费者的购买意志的形成不需要像家电产品那样经过严密理性论证，而是由情感来感染。如 Alexandra de Mark Off 口红广告，将涂了唇膏的女性的嘴唇表现得非常柔软、美丽、有弹性，让人不由产生购买这种唇膏的欲望(图 7–10)。

情感诉求的广告设计和表现要有浓郁的人情味，要善于发现和挖掘日常生活中可以引起人们情感趣味的素材和细节，并以此为基础构思创意。浓郁的人情味必须来自于生活现实和生活中的情感活动，如三菱汽车广告鼓励人们佩戴安全带，不是用简单的语言提示安全带的重要性，而是画面中的两双手似家人的手温暖地拥抱着你，整个广告画面充满温情(图 7–11)。

图 7–10　口红广告

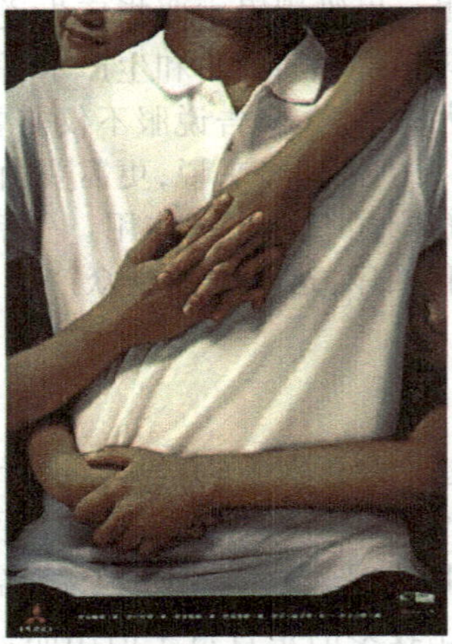

图 7–11　安全驾驶广告（［日本］三菱汽车）

总之，不论我们采用哪种诉求方式，都要注意广告的说服对象。消费者对说服既有接受的一面，也有抵制的一面。要想达到好的说服效果，在广告设计中必须考虑几个因素：一是广告的说服要在不知不觉中进行，即在人们不设防的情况下进行，因为当一个人预知将要发生某件事时，会在思想上准备抵御；二是广告的次要信息不能多，否则会造成消费者分心，影响广告效果；第三，广告的说服要有适当的重复，重复说服能增强消费者的记忆度，但是不可过度，因为重复过度会引起消费者的反感，降低说服效果。

第二节　公益广告中的广告心理运用

一、公益广告是以公共利益为目的的广告

广告传播是具有明确目的的宣传性活动，商业广告以促销商品、宣传品牌或塑造企业形象为目的，公益广告则以宣扬、维护和推进社会公共利益为目的。公益广告所指向的公共利益，不仅仅是公众的共同利益，还包含着国家利益、民族利益、社会利益。虽然国家利益、民族利益、社会利益并不完全等同于公共利益、公众利益，但是国家利益、民族利益、社会利益与公众利益是一致的、重叠的、交互的。国家、民族、社会都是最大的共同体，国家利益、民族利益、社会利益能够代表社会成员的共同利益。公益广告是以公共利益为目的的广告，无论是政府机构发起公益广告活动、社会组织发布公益广告，还是工商企业、媒介机构等投资制作发布公益广告，皆应以公益为唯一目的，以公益为价值取向。公益目的是公益广告产生和发展的原动力，是公益广告传播活动的引擎，正是公益目的使公益广告成为被广泛使用的社会宣传工具，使公益广告活动能够像一面旗帜汇聚社会力量。20 世纪 40 年代初期，美国一位广告人詹姆斯·韦伯·扬向广告界呼吁：广告是一种强有力的传播方式，我们应该利用它为解决社会问题而有所作为。他的呼吁得到广告界的积极呼应，成为广告为公益服务的舆论先导。1941 年 12 月 7 日珍珠港事件爆发后，美国政府宣布正式参战，美国广告界顺势而动，成立了战时广告理事会，工商企业、广告公司、媒介机构纷纷加入这一团体，以广告主、广告公司和大众媒介的资源服务于政府，协助政府开展战时宣传活动，在各类媒介发布广告，动员人民为赢得战争胜利而做出必要的牺牲，由此这种在第二次世界大战的硝烟中出现的广告成为一种被广泛运用的社会宣传形式。公益广告的公益目的和宣传功能得到充分肯定，战争结束后公益广告活动没有随着战火熄灭而偃旗息鼓，依然红红火火地高潮迭起。很多国家的政府、社会团体经常利用公益广告进行公民教育，提升社会道德水平，动员民众参与社会公益活动，推动社会公益事业，或是呼吁公众关注社会问题，促进社会问题解决，并以其公益目的获得工商企业、广告公司和媒介机构的支持。某些非营利性的环保组织、慈善组织就是以其公益目的获得企业和广告公司、媒介机构的赞助。不仅政府、社会团体不以营利为目的，赞助

机构也不以营利为目的。虽然企业皆以营利为天职，但是参与公益广告活动还是以公益为旨归，追求社会效益而非经济利益。公益广告的公益目的也赢得了公众对公益广告的支持，即使公益广告的传播效果不都能达到既定目标，但是公众还是普遍认同这种不以营利为目的、不求商业回报的广告，肯定这种广告的积极作用。如果打着公益广告的旗号为企业及其产品做宣传，以公益广告的名义遮掩商业宣传动机，或者既有公益目的又掺杂了商业动机，那么即使这样的广告含有公益内容，也是商业广告而非公益广告。例如某企业在广告中发出支持希望工程、帮助贫困山区孩子读书的呼吁，以企业将用一小部分营收建设一座希望小学来鼓励消费者购买该企业产品。虽然企业声称这是公益广告，广告中确有公益诉求，产品名称和产品形象也没有被喧宾夺主地放大，但是实际上这是一个公益营销广告而非公益广告，是一个用公益诉求掩饰企业公关动机和促销目的的商业性宣传，产品信息和鼓励消费的诉求暴露了企业的促销目的，透出了企业的商业动机。如果企业把参与公益广告活动作为践行社会责任的公益行动，自觉地以公益而非私利为目的，通常不会让企业、产品等信息出现于公益广告上，不会将公益广告作为商业广告的替身。很多出于公益目的赞助公益广告的企业，甘做默默奉献的幕后英雄，不让商业色彩影响公益广告的纯正性。所以，考量、辨析公益广告的特征首先要确认是否以公益为目的，真正的公益广告首先应有纯正的公益目的，不以公益为目的的广告不是真正的公益广告。

二、公益广告的受众心理

（一）流泻式的劝导影响

公益广告对社会大众进行“规劝、提醒和引导”，实际上就是用劝导的方法来影响受众的心理。公益广告的播出就通常情况而言多是一种流泻式的劝导。它是一种以告知为主要形式的，没有严格的对象范围，没有特别具体的针对性，也没有精确的、效果预测的、普遍性的劝导方法。

（二）冲击式的劝导影响

公益广告的播出要组织冲击式劝导，则必须首先尽可能地明确具体的目标受众，要像“攻坚”那样，事先做好“攻坚”的计划，具体落实到是攻哪个“堡垒”，选择哪个时段播出；其次针对性要强，它具体针对哪些受众的哪些行为和思想，进行有的放矢的劝导，要转变和化解他们哪方面的行为和态度,要具有很强的目的性。冲击式劝导成功与否的关键在于能否精心组织,对症下药,以理服人,以情感人。

第三节 广告心理学运用的案例

一、理性“乐百氏”广告 vs 感性“娃哈哈”广告

20 世纪 90 年代中期以来,全国瓶装水市场竞争激烈,在广告战烽烟四起的氛围中,“娃哈哈”矿泉水与“乐百氏”纯净水先后脱颖而出,成为全国性的著名饮品品牌。一般认为,瓶装水属广告导向类的商品,其广告策略的选择是夺取市场最关键的一步。“娃哈哈”与“乐百氏”这两个良性竞争对手,在广告策略的选择上,各有韵致、各领风骚,给人诸多启迪。

娃哈哈广告主打年轻人这一目标市场。年轻人是瓶装水的大量饮用者,锁定这一目标,就意味着锁定了大片市场。1996 年,其广告《我的眼里只有你》以歌星景岗山为广告代言人,运用 VALS 创意模式,根据年轻人的价值和生活形态,进行感性诉求,表现颇有力度。广告歌《我的眼里只有你》,引得众多歌迷争相学唱,而且众歌迷爱屋及乌,跟着帮衬娃哈哈矿泉水。

娃哈哈在又多又杂的水品牌中,以清晰的策略、煽情的表现、出众的制作,脱颖而出且后来居上,确实不易。而乐百氏又在娃哈哈有先行之利的情况下,于 1997 年 7 月推出乐百氏纯净水,且在当年即获得 2 亿元左右的销售额,其难度就更可想而知了。乐百氏纯净水的制胜之道,最关键的一步,在于其竞争性的广告策略选择得当。

瓶装水市场是个高度同质化的市场,广告还能说什么呢?这时,广告大师奥格威的形象策略,即与其说产品怎么样,还不如形容产品是什么,便成了金科玉律。于是,水广告一片“至清至纯”,或吆喝,或温馨,或抒情,万变不离其宗。不仅商品同质,连广告也同质了。

乐百氏公司可谓慧眼独具,在了解水市场的同质化之外,还洞察到另一个触目惊心的现象,即劣质产品充斥市场。有些不法之徒,竟然将乡间池塘里的水不作任何处理就装瓶上市。众多丑恶现象经媒介频频曝光之后,消费者对瓶装水的质量疑虑重重。这个时候,对消费者来说,水的品质是最为重要的。随着消费者的成熟,他们不仅对水的品质要求越来越

高，而且舍得为品质高的水多花一点钱。乐百氏敏锐地抓住这一点，在广告里大张旗鼓地“说品质”。

乐百氏不惜重金，选择一家著名的国际性广告公司为其制作广告。广告以“27层的净化”作为品质诉求，出色的广告表现使“品质保证”看得见、记得住，实现了“心目中的品质”的理想传播，从而在消费者心中造成了强烈的品牌差异，占据了制高点。

乐百氏的广告策略是理性的，表现也是理性的。在蓝幽幽的背景上，一滴晶莹的水珠被一层层地净化。每到一层，都有紫光一闪，给人“又被净化一次”的联想。经过27层的净化，乐百氏纯净水才“千呼万唤始出来”。尽管表现硬邦邦的，一点也不温情，一点也不幽默，但是调查显示，这则广告大获消费者的好评。的确，这则广告体现出营销传播的“硬道理”——说消费者最关心的问题，广告表现紧扣广告策略，对“品质”进行了与众不同的演绎。结果，造成了鲜明的传播差异。更为重要的是，乐百氏不仅在短短数月之内便割得2亿元的市场份额，而且它的价格也略高于竞争对手。

二、可口可乐市场终端生动化广告

可口可乐公司自1886年诞生以来已有上百年的历史，但其销量在竞争激烈的饮料市场中持续增加。可口可乐公司的营销渠道策略非常强调终端建设的生动化。其中，有效的市场终端生动广告策略是最重要的部分之一。

所谓生动化是指在售点上进行的一切能够影响消费者购买产品的活动，包括产品的摆放位置、展示方式及存货管理等多方面。其中，在广告战略方面主要考虑以下内容：

（1）位置。可口可乐的产品广告应张贴在最显眼的位置，比如商店入口处、视平线处等，以吸引消费者的注意；不可被其他物品遮掩，不可过高或过低；在陈列产品的附近还应有与产品有关的广告，同时必须有明显的价格牌。

（2）外观。售点的各种可口可乐广告也代表了整个企业和产品的形象，因此广告的外观一定要干净、整洁；要更换及拆除已褪色或陈旧的广告物。

（3）选用。由于广告品的种类很多，在具体选用时应注意销售什么产品就配什么广告，这样可体现一定的专业水准。比如，不应同时出现两个新旧广告攻势的广告品：当张贴“永远是可口可乐”的广告时，应同时拆除原有“挡不住的感觉”的广告；当一定时间的促销活动结束后，与之相配合的广告品必须立即拆除。

（4）内容。价格促销广告必须使用“特别价格标示”，内容应包括“原价格”“现价格”“节省差价”及“品牌包装”等信息。

参 考 文 献

[1] 丁艳艳，王瑞春 [M]. 北京：清华大学出版社，2016.

[2] 刘世忠，严艳萍 . 广告创意实务 [M]. 北京：首都经济贸易大学出版社，2016.

[3] 郭斌 . 新媒体广告营销案例集 [M]. 北京：经济管理出版社，2016.

[4] 杨海军，田欣欣 . 广告营销案例评析 [M]. 武汉：武汉大学出版社，2009.

[5] 凌文铨 . 广告心理 [M]. 北京：机械工业出版社，2000.

[6] 马谋超 . 广告心理学理论与实务 [M]. 北京：中央广播电视大学出版社，2003.

[7][日] 仁科贞文，[日] 田中洋，[日] 丸冈吉人 . 广告心理 [M]. 北京：外语教学与研究出版社，2008.

[8] 江波 . 广告心理新论 [M]. 广州：暨南大学出版社，2002.

[9] 吴柏林 . 广告心理学 [M]. 北京：清华大学出版社，2014.

[10] 饶德江，程明 . 广告心理学 [M]. 武汉：武汉大学出版社，2008.

[11] 晁钢令，陶婷芳 . 广告营销 [M]. 上海：中国大百科全书出版社上海分社，1995.

[12] 计维斌，蔡小于 . 广告心理 [M]. 北京：中国经济出版社，1995.

[13] 张理 . 广告心理学 [M]. 北京：清华大学出版社，北京交通大学出版社，2011.

[14] 马建青 . 现代广告心理学 [M]. 杭州：浙江大学出版社，1997.

[15] 舒咏平 . 广告心理学教程 [M]. 北京：北京大学出版社，2004.

[16] 冯江平 . 广告心理学 [M]. 上海：华东师范大学出版社，2003.

[17] 张国斌 . 广告心理学 [M]. 合肥：合肥工业大学出版社，2009.

[18] 马继兴 . 广告心理学 [M]. 北京：清华大学出版社，2011.

[19] 赛来西 · 阿不都拉，季靖 . 广告心理学 [M]. 杭州：浙江大学出版社，2007.

[20] 余小梅 . 广告心理学 [M]. 杭州：浙江大学出版社，2008.

[21] 尤建新，王莉．广告心理学 [M]. 北京：中国建筑工业出版社，2007.

[22] 薛振田．广告心理学：原理与方略 [M]. 北京：化学工业出版社，2011.

[23] 林染．广告创意心理学 [M]. 北京：北京工业大学出版社，2015.

[24] 姜智彬．广告心理学 [M]. 上海：上海人民美术出版社，2012.

[25] 宋玉书．公益广告教程 [M]. 北京：北京大学出版社，2017.

[26] 黄合水．广告心理学 [M]. 北京：高等教育出版社，2005.

[27] 沙莲香．社会心理学 [M]. 北京：中国人民大学出版社，2003.

[28] 黎青，孙丰国．广告策划与创意 [M]. 长沙：湖南大学出版社，2006.

[29] 王沛．广告心理效果与评价 [M]. 北京：科学出版社，2008.